Bibliografische Information der Deutschen Nationalbibliothek: Die Deutsche Nationalbibliothek verzeichnet diese Publikation in der Deutschen Nationalbibliografie; detaillierte bibliografische Daten sind im Internet über dnb.dnb.de abrufbar.

© 2023 Frank Mühlbauer

Herstellung und Verlag: BoD – Books on Demand, Norderstedt

ISBN 978-3-7578-0818-1

Workbook Berufliche Orientierung (BO)

Inhaltsverzeichnis, Arbeitsanweisungen und Kontrolle

Agentur für Arbeit

Und wenn es sein muss, geh zu den Profis der Arbeitsagentur und lass dich beraten. Mit den hier aufgeführten Formularen erleichterst du das Beratungsverfahren!

Bewerbung & Co.

Erstelle deine Bewerbungsmappe mit dem Bewerbungsanschreiben, Lebenslauf, Deckblatt, Zeugnissen und weiteren Unterlagen/ Formularen.
Halte dich dabei an die vorgegebene Form (Zeilenabstand usw.).

Vergiss bitte nicht die Kontrolle des Anschreibens und den finalen QualitätsCheck deiner Bewerbung.

Informiere dich aber immer bei den Unternehmen, Betrieben, Schulen, usw. über das gewünschte Bewerbungsformat (Online, schriftlich, E-Mail, …)

Bewerbungsgespräch & Einstellungstest

Beantworte die Bewerbungsfragen und über diese für dich, z.B. laut vor einem Spiegel (dein Spiegelbild macht sich nicht lächerlich über dich oder lenkt dich ab … hoffentlich). So bist du hervorragend vorbereitet und dich kann kaum noch etwas überraschen: Das mach mächtig Eindruck!

Mit den Vorbereitungsübersichten vor einem Vorstellungs-/Einstellungsgespräch kann eigentlich nichts mehr schief gehen.

Mein persönliches Profil: Meine Stärken einschätzen

Selbsteinschätzung mit Farbe _____ ☐

Fremdeinschätzung mit Farbe _____ ☐
(Die Fremdeinschätzung sollte von einer Person sein, der du vertraust Dich richtig einzuschätzen!)

Auswertung der Selbst- und Fremdeinschätzung: Mein Stärkeprofil

Der Vergleich ergibt dein Stärkenprofil. Übereinstimmungen zeigen dir, welche Stärken eindeutig auf dich zutreffen. Abweichungen fordern dich auf zu überprüfen, was stimmt. Die Auswertung gibt dir wichtige Hinweise für deine weitere Planung.

Arbeitsverhalten	trifft nicht zu (1)	trifft teilweise zu (2)	trifft zu (3)	trifft voll zu (4)
A) ZUVERLÄSSIGKEIT Ich beachte beim Erfüllen einer Aufgabe genau die Hinweise, Vorgaben und Absprachen.				
B) ARBEITSTEMPO Ich schaffe schulische Aufgaben in der vorgegebenen Zeit.				
C) ARBEITSPLANUNG Ich mache einen Plan zur Vorgehensweise.				
D) ORGANISATIONSFÄHIGKEIT Ich mache Vorschläge zur Aufgabenverteilung.				
E) GESCHICKLICHKEIT Ich bin geschickt und sicher bei der Benutzung von Werkzeugen und Arbeitsgeräten.				
F) ORDNUNG Mein Arbeitsplatz ist immer ordentlich.				
G) SORGFALT Ich gehe sachgerecht und verantwortungsbewusst mit Materialien um.				
H) KREATIVITÄT Ich habe immer wieder neue Ideen, wich ich Lösungen finden kann.				
I) PROBLEMLÖSEFÄHIGKEIT Knifflige Aufgaben machen mir Spaß.				
J) ABSTRAKTIONSVERMÖGEN Ich kann Wichtiges von Unwichtigem unterscheiden.				

Lernverhalten				
A) SELBSTSTÄNDIGKEIT Ich kann Aufgaben ohne Anleitung ausführen.				
B) BELASTBARKEIT Ich arbeite auch bei Schwierigkeiten an einer Aufgabe weiter.				
C) KONZENTRATIONSFÄHIGKEIT Ich kann eine Tätigkeit über längere Zeit ausüben, ohne mich ablenken zu lassen.				
D) VERANTWORTUNGSBEWUSSTSEIN Ich gestalte Entscheidungen mit und übernehme die Verantwortung für Entscheidungen.				
E) EIGENINITIATIVE Ich setze mir eigene Ziele und verwirkliche sie auch ohne Anstoß von außen.				
F) LEISTUNGSBEREITSCHAFT Ich arbeite auch über das geforderte Maß an einer Aufgabe weiter.				
G) AUFFASSUNGSGABE Ich kann zusammenhänge leicht und schnell begreifen.				
H) MERKFÄHIGKEIT Einmal Gelerntes weiß ich nach längerer Zeit noch.				
I) MOTIVATIONSFÄHIGKEIT Ich gehe mit Begeisterung an neue Aufgaben.				
J) REFLEKTIONSFÄHIGKEIT Ich erkenne, wie meine Arbeitsleistung war.				

Sozialverhalten	trifft nicht zu (1)	trifft teilweise zu (2)	trifft zu (3)	trifft voll zu (4)
A) TEAMFÄHIGKEIT Ich kann zielgerichtet und förderlich mit anderen zusammenarbeiten.				
B) HILFSBEREITSCHAFT Wenn jemand Unterstützung braucht, bin ich gern bereit zu helfen.				
C) KONTAKTFÄHIGKEIT Ich kann auf andere zugehen und bin an ihren Vorschlägen interessiert.				
D) RESPEKTVOLLER UMGANG Ich beachte die Formen der Höflichkeit im Umgang mit anderen Menschen.				
E) KOMMUNIKATIONSFÄHIGKEIT Ich gehe auf Fragen ein und höre anderen aufmerksam zu.				
F) EINFÜHLUNGSVERMÖGEN Ich kann mich in andere hineinversetzen.				
G) KONFLIKTFÄHIGKEIT Ich versuche bei einem Streit, eine gemeinsame Lösung zu finden.				
H) KRITIKFÄHIGKEIT Ich kann Kritik angemessen vorbringen.				

Fachkompetenz				
A) SCHREIBEN Ich schreibe gern Texte.				
B) LESEN Ich kann wichtige Informationen aus einem Text entnehmen.				
C) MATHEMATIK Ich kann gut mit Zahlen und Formeln umgehen.				
D) NATURWISSENSCHAFTEN Ich interessiere mich für die Natur und ihre Gesetze.				
E) FREMDSPRACHEN Ich kann mich in einer Fremdsprache ausdrücken.				
F) PRÄSENTATIONSFÄHIGKEIT Wenn ich präsentiere, hören mir andere zu.				
G) PC-KENNTNISSE Ich kann den PC für die schulische Arbeit nutzen.				
H) FÄCHERÜBERGREIFENDES DENKEN Ich kann Wissen, das ich erworben habe, auch in anderen Zusammenhängen anwenden.				

Mein persönliches Profil

Zusammenstelle zum persönlichen Profil

Die Einschätzungen zeigen dein Profil. Übereinstimmungen zeigen dir, welche Stärken und Fähigkeiten auf dich zutreffen. Abweichungen fordern dich auf zu überprüfen, was stimmt. Die Auswertung gibt dir wichtige Hinweise für deine weitere Planung.

Auswertung der Selbst- und Fremdeinschätzung

Hier stimmen die Selbst- und Fremdeinschätzungen überein:

_____

_____

_____

_____

_____

_____

_____

Hier stimmen die Selbst- und Fremdeinschätzungen **nicht** überein:

_____

_____

_____

_____

_____

_____

Möglichkeiten, zur Überprüfung welche Einschätzungen zutreffen:

_____

_____

_____

_____

_____

Mein persönliches Profil

Schlussfolgerung aus der Auswertung

Die festgestellten Stärken helfen dir deine Ziele zu bestimmen. Wenn du deine Stärken ausbauen willst, solltest du Lernvereinbarungen treffen. Dabei hilft es dir, wenn du verbindliche Absprachen mit deiner Lernbegleitung triffst oder dir persönliche Ziele steckst.

Schlussfolgerung aus der Selbst- und Fremdeinschätzung

Das sind meine **fünf wichtigsten Stärken**:

👍 _____

👍 _____

👍 _____

👍 _____

👍 _____

Das will ich erreichen. Ich möchte mich in einigen Bereichen verbessern und nehme mir deshalb folgendes vor:

_____

_____

_____

_____

_____

Unterschrift Schüler/in: _____

Mein persönliches Profil

Meine Interessen benennen und Fähigkeiten bestimmen

Ein Hobby betreibst du, weil du Interesse oder Freude daran hast. Die Tätigkeiten, die mit deinem Hobby verbunden sind, liegen dir, du übst sie gerne und häufig aus. Durch die Wiederholung übst du und wirst besser – Fähigkeiten werden entwickelt. Aus deinem Hobby kannst du also ersehen, welche Fähigkeiten deine Lieblingstätigkeiten fordern und fördern.

Benenne hier in der linken Spalte deine Hobbys, beschreibe sie in der mittleren Spalte und trage dann in der rechten Spalte ein, welche Fähigkeiten du für deine Hobbys nutzt!

Hobbys Lieblingstätigkeiten	Beschreibung der Hobbys	Welche Fähigkeiten nutze ich für meine Hobbys?

Mein persönliches Profil

Ausflug in meine Zukunft

Wo sehe ich mich in 5, 10 oder 20 Jahren?

Ziele, Meinungen und Pläne ändern sich. In welche Richtung du dabei gehst, kannst du beeinflussen.

Folgende Fragen helfen dir bei der Klärung:

1. **Wie lebe ich heute (Familie, Schule, Freunde)?**

   o Wie gefällt mir das Zusammenleben in meiner Familie?
   (Benenne positives und negatives, und wie du evtl. negatives anders machen würdest)

   o Was mache ich in meiner Freizeit? Mit wem verbringe ich sie, weshalb?

   o Bin ich mit meinen Schulleistungen zufrieden?
   (Wenn nein, warum nicht?)

   o Womit bin ich in meinem Leben zufrieden, womit unzufrieden?
   (Wie könnte ich die Unzufriedenheit verbessern?)

2. **Was wünsche ich mir für meine Zukunft?**

   o Wie/wo möchte ich später wohnen?
   (Eigenheim, Miete, Haus, Wohnung, Stadt, Land, …)

   o Möchte ich eine Familie gründen und Kinder haben? Wer sollte sich um die Kinder kümmern, kochen, einkaufen, die Wohnung in Ordnung halten? Wer sollte welchen Teil machen?

   o Wie möchte ich Familie und Beruf vereinbaren?

   o Welcher Beruf ist meiner Meinung nach für mich geeignet?

   o Wie möchte ich meine Freizeit gestalten? Möchte ich mich in einem Verein oder in einer Gruppe engagieren, ehrenamtlich tätig werden?

Nimm dir Zeit und notiere deine Antworten auf die Fragen. So wirst du dir über deine Ziele bewusst und kannst deine Zukunft aktiv gestalten.

Bildungswege nach Klasse 9 (Hauptschulabschluss)

Markiere deinen Bildungsweg

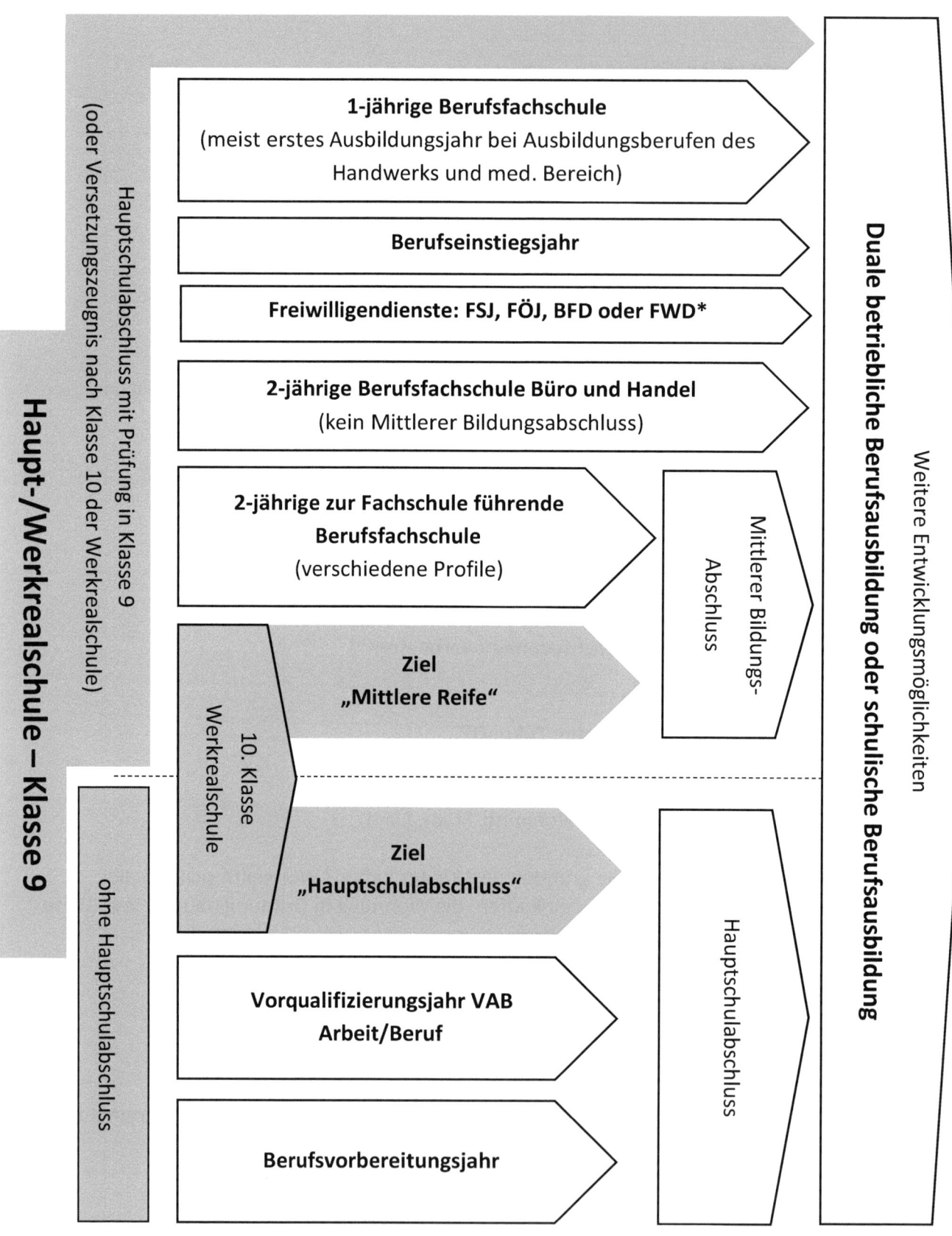

* FSJ: Freiwilliges Soziales Jahr; FÖJ: Freiwilliges Ökologisches Jahr;
BFD: Bundesfreiwilligendienst; FWD: Freiwilliger Wehrdienst

Weitere Wege zum Mittleren Bildungsabschluss
Möglichkeit 1

Den Hauptschülern wird ein dem Realschulabschluss gleichwertiger Bildungsstand zuerkannt, wenn folgende Bedingungen erfüllt sind:

erfolgreicher Abschluss einer Berufsausbildung		**hinreichende Fremdsprachenkenntnisse**		**erfolgreicher Abschluss der Berufsfachschule**
in einem anerkannten Ausbildungsberuf mit einer Regelausbildungsdauer von mind. 2 Jahren	**+**	mindestens 5-jähriger Fremdsprachenunterricht in aufeinanderfolgenden Klassenstufen mit Note „ausreichend" bzw. einer Prüfung mit Note „ausreichend"	**+**	und Abschlusszeugnis mit einem Notenschnitt von mindestens 3,0
oder				
schulische Berufsausbildung mit Abschlusszeugnis	**+**			

Weitere Wege zum Mittleren Bildungsabschluss
Möglichkeit 2 – Modell „9x3" für Baden-Württemberg
9 Jahre Grund- und Haupt- oder Werkrealschule + 3 Jahre betriebliche oder schulische Ausbildung

Den Hauptschülern wird ein dem Realschulabschluss gleichwertiger Bildungsstand zuerkannt, sofern mit diesen Zeugnissen eine Durchschnittsnote von mind. 2,5 erreicht ist.

Hauptschulabschluss		**Berufsschulabschlusszeugnis**		**Zeugnis der zuständigen Stelle**
Zeugnis der Hauptschulabschlussprüfung oder Schulfremdenprüfung (mit Fremdsprachprüfung) oder Abschluss des Vorqualifizierungsjahres Arbeit/Beruf VAB mit Prüfung in Deutsch, Mathematik und Englisch	**+**	Notendurchschnitt aus den Noten der Prüfungsfächer bzw. einer schulischen Berufsausbildung der betreffenden Schule	**+**	für die Abschlussprüfung im anerkannten Ausbildungsberuf mit einer Regelausbildungszeit von mind. 3 Jahren (Notendurchschnitt aus theoretischen und fachpraktischen Fächern)

Wichtige Hinweise:
- ⇨ Beide Möglichkeiten berechtigen nicht zum Besuch eines beruflichen Gymnasiums und für den Besuch der Oberstufe der Berufsoberschulen muss eine Prüfung abgelegt werden (Quelle: Regierungspräsidium Stuttgart, Abt. 7)
- ⇨ Auf Antrag bekommt man bei der zuletzt besuchten Schule eine Bestätigung, dass man einen dem Realschulabschluss gleichwertigen Bildungsstand erreicht hat.

Bildungswege nach Klasse 10 (Mittlere Reife)

Markiere deinen Bildungsweg

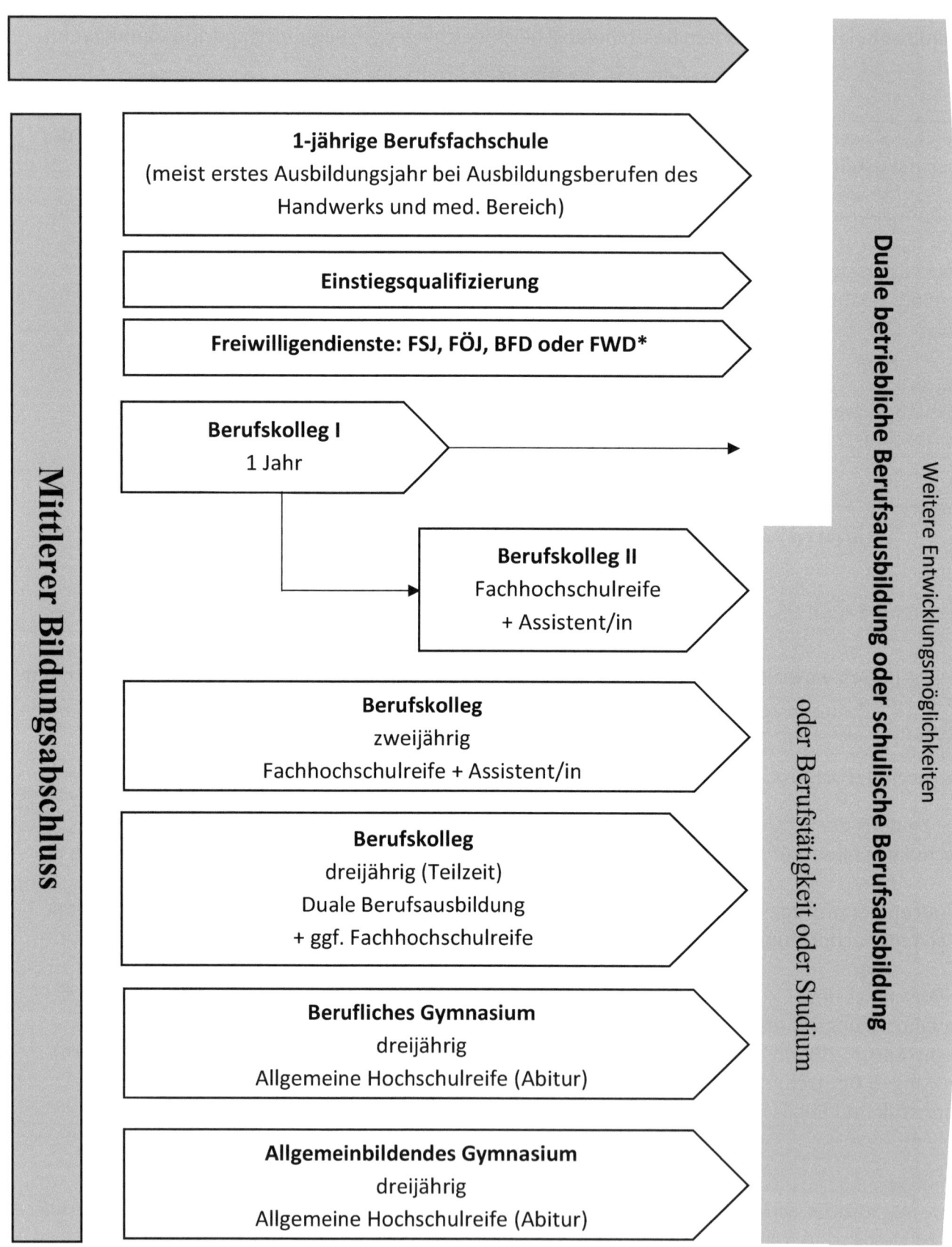

Mittlerer Bildungsabschluss

1-jährige Berufsfachschule
(meist erstes Ausbildungsjahr bei Ausbildungsberufen des Handwerks und med. Bereich)

Einstiegsqualifizierung

Freiwilligendienste: FSJ, FÖJ, BFD oder FWD*

Berufskolleg I
1 Jahr

Berufskolleg II
Fachhochschulreife
+ Assistent/in

Berufskolleg
zweijährig
Fachhochschulreife + Assistent/in

Berufskolleg
dreijährig (Teilzeit)
Duale Berufsausbildung
+ ggf. Fachhochschulreife

Berufliches Gymnasium
dreijährig
Allgemeine Hochschulreife (Abitur)

Allgemeinbildendes Gymnasium
dreijährig
Allgemeine Hochschulreife (Abitur)

Duale betriebliche Berufsausbildung oder schulische Berufsausbildung

Weitere Entwicklungsmöglichkeiten

oder Berufstätigkeit oder Studium

* FSJ: Freiwilliges Soziales Jahr; FÖJ: Freiwilliges Ökologisches Jahr;
BFD: Bundesfreiwilligendienst; FWD: Freiwilliger Wehrdienst

Mittlerer Bildungsabschluss

Berufskolleg I 1 Jahr – Fachrichtungen Technik, Wirtschaft, sowie Gesundheit und Pflege mit Wahlpflichtbereich Pädagogik / Psychologie	**Berufskolleg II** 1 Jahr – Fachrichtungen Technik, Wirtschaft, sowie Gesundheit und Pflege Fachhochschulreife + evtl. Assistentenabschluss
Berufskolleg I Verzahnung mit einem dualen Ausbildungsberuf, 1 Jahr – versch. Berufe Technik oder Wirtschaft	**Berufskolleg II** Verzahnung mit einem dualen Ausbildungsberuf, 1 Jahr – Assistentenabschluss + evtl. Fachhochschulreife Verkürzung der Ausbildungszeit
Berufskolleg I 1 Jahr – Ernährung und Erziehung	**Berufskolleg II** **2 Jahre – Assistentenabschluss +** evtl. Fachhochschulreife

2-jähriges kaufmännisches Berufskolleg Wirtschaftsinformatik
Fachhochschulreife + evtl. Assistentenabschluss
2-jähriges kaufmännisches Berufskolleg
Fremdsprachen
Fachhochschulreife + evtl. Assistentenabschluss

2-jähriges kaufmännisches Berufskolleg für technische Assistenten
Assistentenabschluss + evtl. Fachhochschulreife

3-jähriges Berufskolleg (Teilzeit)
gewerblich technische oder gastronomische Berufsausbildung + Berufskollegiat + evtl. Fachhochschulreife

3-jähriges Berufskolleg Design
Berufsausbildung + evtl. Fachhochschulreife

Duales Berufskolleg **Soziales** 1 Jahr	**Berufskolleg zur Erlangung der Fachhochschulreife** 1 Jahr
Berufskolleg für **Praktikanten** 1 Jahr	**Fachschule für** **Sozialpädagogik**

Der zweite Bildungsweg

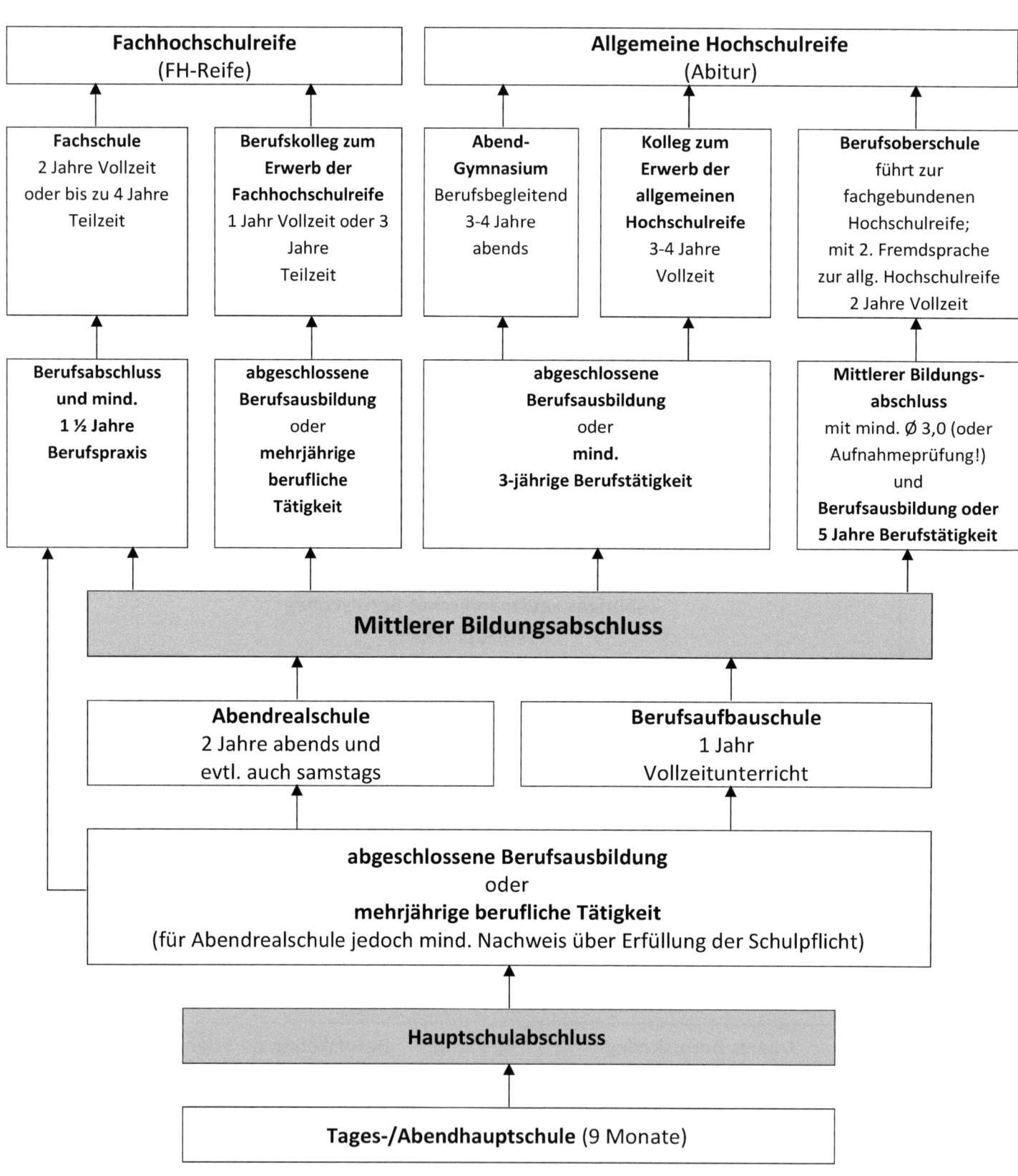

Fachhochschulreife
(FH-Reife)

Allgemeine Hochschulreife
(Abitur)

Fachschule
2 Jahre Vollzeit
oder bis zu 4 Jahre
Teilzeit

Berufskolleg zum Erwerb der Fachhochschulreife
1 Jahr Vollzeit oder 3 Jahre
Teilzeit

Abend-Gymnasium
Berufsbegleitend
3-4 Jahre
abends

Kolleg zum Erwerb der allgemeinen Hochschulreife
3-4 Jahre
Vollzeit

Berufsoberschule
führt zur
fachgebundenen
Hochschulreife;
mit 2. Fremdsprache
zur allg. Hochschulreife
2 Jahre Vollzeit

Berufsabschluss und mind.
1 ½ Jahre
Berufspraxis

abgeschlossene Berufsausbildung
oder
mehrjährige berufliche Tätigkeit

abgeschlossene Berufsausbildung
oder
mind.
3-jährige Berufstätigkeit

Mittlerer Bildungs-abschluss
mit mind. Ø 3,0 (oder Aufnahmeprüfung!)
und
Berufsausbildung oder
5 Jahre Berufstätigkeit

Mittlerer Bildungsabschluss

Abendrealschule
2 Jahre abends und
evtl. auch samstags

Berufsaufbauschule
1 Jahr
Vollzeitunterricht

abgeschlossene Berufsausbildung
oder
mehrjährige berufliche Tätigkeit
(für Abendrealschule jedoch mind. Nachweis über Erfüllung der Schulpflicht)

Hauptschulabschluss

Tages-/Abendhauptschule (9 Monate)

Hinweise:
Nachträglicher Erwerb eines Schulabschlusses auch durch das Bestehen einer Prüfung für Schulfremde möglich.
Zugangsvoraussetzungen unter: www.service-bw.de
Infos zum Studium ohne höheren Schulabschluss (z.B. qualifizierte Berufstätige) unter: www.mwk.baden-wuerttemberg.de

Wie finde ich heraus, welcher Beruf eigentlich zu mir passt? (A)

Zuerst einmal solltest du über die Bildungswege Bescheid wissen

Es sinnvoll die Bildungswege zu kennen, welche dir evtl. Ausbildungen oder Studien über Umwege, dem zweiten Bildungsweg, ermöglichen:

a) Diese sind in jedem Bundesland auf den Homepageseiten der Kultusministerien zu finden (Beispiel Baden-Württemberg: https://www.bildungsnavi-bw.de/start)

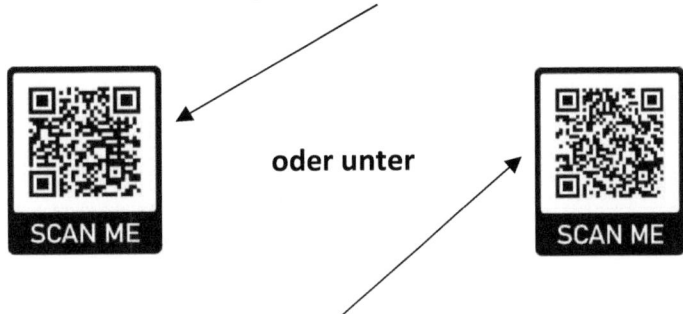

oder unter

b) https://www.futureplan.de/career/starte-durch/abschluesse-bildungswege/
(für alle Schulabschlüsse!)

Aufgabe: Wie könnte DEIN realistischer Weg in den nächsten 5-10 Jahren aussehen?

Angestrebter Schulabschluss: _____

_____

Plan A) Duale Ausbildung zur/zum: _____

_____

_____

Plan B) Weiterführende Schule mit dem Schulabschluss: _____

_____

_____

Plan C) _____

_____

_____

c) Publikationen / Fachzeitschriften der Kultusministerien gibt es oftmals unter den Online-Suchkriterien:

Kultusministerium - Bildungswege in (Bundesland) - Abschlüsse und Anschlüsse

Wie finde ich heraus, welcher Beruf eigentlich zu mir passt? (B)

Als nächstes solltest du dich über die Ausbildungsmöglichkeiten genauer informieren

Die Ausbildungsmöglichkeiten

- **Ausbildung**

  (Informationen gibt es hierzu selbstverständlich auch in Netz, bei den Kultusministerien. Beispiel Baden-Württemberg: https://www.service-bw.de/web/guest/lebenslage/-/lebenslage/Berufsausbildung+im+dualen+Ausbildungssystem-5001475-lebenslage-0)

a) <u>Duale Ausbildung</u>

   Ausbildung in einem Ausbildungsbetrieb und der Berufsschule

b) <u>Schulische Ausbildung</u>

   Ausbildung ausschließlich in der Schule
   - Berufskolleg
   - Berufsfachschule
     - Erwerb einer Grundbildung oder Berufsvorbereitung
     - Erwerb der Fachschulreife oder eines Berufsabschlusses

Liste die Vor- und Nachteile der Dualen und Schulischen Ausbildung auf:

Duale Ausbildung		Schulische Ausbildung	
Vorteile	**Nachteile**	**Vorteile**	**Nachteile**

Wofür entscheidest du dich? Begründe deine Entscheidung!

_____

_____

_____

_____

- **Studium**
  a) <u>Vollzeitstudium</u>

  Das Vollzeitstudium ist in der Regel ein Präsenzstudium. Das bedeutet, dass Du von Montag bis Freitag Lehrveranstaltungen an einer Universität oder Fachhochschule besuchst. Im Durchschnitt beträgt der Arbeitsaufwand für ein Vollzeitstudium etwa 40 Stunden pro Woche.

  b) <u>Duales Studium</u>

  Als duales Studium wird in Anlehnung an das duale Ausbildungssystem ein Hochschulstudium mit fest integrierten Praxiseinsätzen in Unternehmen bezeichnet. Von „klassischen" Studiengängen unterscheidet es sich durch einen höheren Praxisbezug, der abhängig von Studiengang und Hochschule variiert.

- **FSJ/FÖJ und BFD**

  FSJ/FÖJ und BFD sind nicht nur Übergangslösungen für Unentschlossene, oder Schüler/innen, die für eine bestimmte Ausbildung das notwendige Mindestalter noch nicht erreicht haben. Vielmehr sind diese Maßnahmen charakterfördernd und -stärkend, sowie ein sehr wichtiger Beitrag eines sozialen Staates und eine hervorragende Ausbildungsmaßnahme für Berufe im sozialen Bereich.

  FSJ (Freiwilliges Soziales Jahr), FÖJ (Freiwilliges Ökologisches Jahr) und BFD (Bundesfreiwilligendienst)

https://ich-will-fsj.de/   https://ich-will-foej.de/   https://ich-will-bfd.de/

Die wesentlichen Merkmale von FSJ, FÖJ und BFD sind …

FSJ = _____

_____

_____

FÖJ = _____

_____

_____

BFD = _____

_____

_____

Wie finde ich heraus, welcher Beruf eigentlich zu mir passt? (C)

Es gibt mehrere Möglichkeiten den passenden Beruf zu finden:

Wichtig:

Lies dir die Anweisungen aufmerksam durch, so sparst du Zeit und der Auswahltest wird umso genauer!

1.) Mit einem Berufswahltest (Aufgelistet nach Bestenliste)
   - https://www.arbeitsagentur.de/bildung/welche-ausbildung-welches-studium-passt

   - https://www.ausbildungspark.com/berufstest/

   - https://www.aubi-plus.de/berufscheck/
   - https://www.aubi-plus.de/berufscheck/
   - https://entdecker.biz-medien.de/

2.) Nach dem Ausschlussverfahren über Berufsfelder, Tätigkeitsfelder, Studienfelder
   - https://berufenet.arbeitsagentur.de/

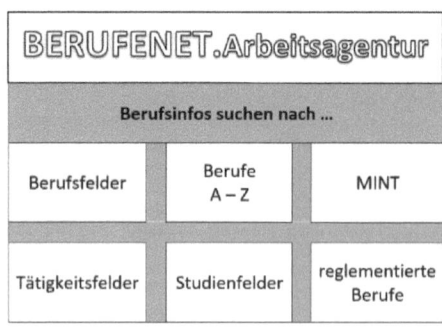 

Eins brauchst du aber immer: **Zeit und Geduld**. Ohne bleibst du auf der Strecke!

Der richtige Umgang mit den Ergebnissen:

1.) Verschließe dich nicht vor unbekannten oder komisch lautenden Berufen, oftmals steckt viel mehr dahinter als man denkt! Vielleicht auch überraschend Positives und Interessantes.

2.) Informiere dich genau unter **Berufe A-Z**, hier gibt´s **Steckbriefe zu allen Berufen**, die du unbedingt ausdrucken solltest:
   - BerufeNET der Arbeitsagentur (https://berufenet.arbeitsagentur.de/)
   - Mein Beruf (https://planet-beruf.de)

   - Ausbildungsberufe von A bis Z (https://www.aubi-plus.de/berufe/a-z/)
   - Infos zu Ausbildungsberufen, leider nicht alle (https://ausbildungspark.com/)

3.) Und dann wäre da noch die altbewährte **Pro- und Kontraliste**:

a) Was spricht *für* oder *gegen* einen Arbeitgeber:

Für den Arbeitgeber / das Unternehmen	Gegen den Arbeitgeber / Das Unternehmen
z.B. kurzer Arbeitsweg (wenn man nicht so weit fahren kann oder möchte) ...	z.B. keine Bus- oder Bahnanbindung (vor allem bei Minderjährigen) ...

b) Was spricht *für* oder *gegen* einen Beruf:

Für einen Beruf	Gegen einen Beruf
z.B. tolle Fortbildungsmöglichkeiten ...	z.B. keine oder geringe Aufstiegsmöglichkeiten ...

Zuvor solltest du wissen, was dir bei einem Beruf und Arbeitgeber wichtig ist.
Notiere Eigenschaften, welche dir bei deinem zukünftigen Arbeitgeber wichtig sind:

_____

_____

_____

Aber beachte: Wer zu wählerisch ist, findet kaum einen Job und bleibt auf der Strecke!

Meine Wunschberufe

Plan A & Plan B

Vor der Berufsberatung (Agentur für Arbeit) und Inforationsveranstaltungen (z.B. Bildungsmessen, Tag der offenen Tür) solltest du dir eine Übersicht über die Berufe machen, die dich interessieren.

Informationen über die Berufe findest du z.B. auf BerufeNET. Hier gibt es für alle Ausbildungsberufe Steckbriefe, die du dir ausdrucken und genau durchlesen solltest.

Wichtige Infos über meine Wunschberufe

Wunschberuf:	
Im BerufeNET-Steckbrief steht über diesen Beruf:	
- Berufstyp:	
- Ausbildungsart:	
- Ausbildungsdauer:	
- Lernorte:	
Entspricht der BerufeNET-Steckbrief meinen Interessen?	
☐ ja ☐ nein ☐ nicht ganz	
Begründung, weshalb „nein" oder „nicht ganz"	
Welche Tätigkeiten sind für meinen Wunschberuf typisch?	

Alle weiteren Infos folgen im Realitäts-Check!

Realitäts-Check für meinen Wunschberuf

Mein Wunschberuf ist: _____

1) Die folgenden **Tätigkeiten** sind für den Beruf typisch:

_____

_____

Interessieren mich diese Tätigkeiten?   ☐ nein   ☐ ja

2) Die folgenden **Arbeitsorte** sind für diesen Beruf typisch:

_____

Kann ich mir vorstellen, an diesen Orten zu arbeiten?   ☐ nein   ☐ ja

3) Bringe ich die erforderlichen **Fähigkeiten** für den Beruf mit?

Erforderliche Fähigkeiten:	nein	ja	Erforderliche Fähigkeiten:	nein	ja
	☐	☐		☐	☐
	☐	☐		☐	☐
	☐	☐		☐	☐

4) Bin ich in den wichtigen **Schulfächern** besonders gut?

Schulfach:	nein	ja		nein	ja
1.	☐	☐	3.	☐	☐
2.	☐	☐	4.	☐	☐

5) Reicht mein **Schulabschluss** für diesen Beruf?

Gewünschter Schulabschluss: _____ erreiche ich? ☐ nein   ☐ ja

6) Habe ich bereits praktische Erfahrungen in diesem oder einem ähnlichen Beruf gesammelt (z.B. Praktikum, Nebenjob, Aushilfstätigkeiten)?   ☐ nein   ☐ ja

Art /z.B. Praktikum ...)	Betrieb	Zeitraum	Beruf

7) Gibt es eine **Ausbildungsvergütung** oder kostet die Ausbildung? ☐ nein ☐ ja

Wenn nein, komme ich damit zurecht? ☐ nein ☐ ja

8) Gibt es eine **Alterseinschränkungen** für den Berufsausbildungsbeginn, die mich betreffen?
(Jugendarbeitsschutzgesetz (JArbSchG), 1. – 3. Abschnitt) ☐ nein ☐ ja

9) Erfülle ich die **körperlichen/gesundheitlichen Voraussetzungen** für meinen Wunsch-beruf?
(Allergien, geringe körperliche Belastbarkeit, dauerhafte Erkrankungen können
Hinderungsgründe für bestimmte Berufe sein!) ☐ nein ☐ ja

10) Gibt es Ausbildungsbetriebe in meiner Umgebung? ☐ nein ☐ ja

Wenn nein: Bin ich auch bereit

a) längere Fahrtzeiten in Kauf zu nehmen ☐ nein ☐ ja

b) umzuziehen ☐ nein ☐ ja

Auswertung:

Deine Entscheidung: Hast du …	Die Schlussfolgerung
… überall „ja" angekreuzt?	⇨ Der Beruf passt perfekt zu dir!
… bei den Fragen 1 und 2 „nein" angekreuzt?	⇨ Überlege, ob du dich anpassen kannst. Wenn dies nicht der Fall ist, solltest du einen anderen Beruf wählen.
… bei den Fragen 3 und 4 „nein" angekreuzt?	⇨ Überlege, wie du dich bei diesen Fähigkeiten und Schulfächern verbessern kannst oder wähle einen Beruf mit anderen Anforderungen.
… bei Frage 5 „nein" angekreuzt?	⇨ Überlege, wie und wo du den benötigten Abschluss erreichen kannst, oder wähle einen Beruf, der einen anderen Abschluss voraussetzt.
… bei Frage 6 „nein" angekreuzt?	⇨ Versuche noch ein Praktikum in dem Beruf zu machen.
… bei Frage 7 „nein" angekreuzt?	⇨ Informiere dich über finanzielle Unterstützung (z.B. Schüler-BAföG, Wohngeld, andere Ausbildungshilfen) oder wähle einen anderen Beruf.
… bei Frage 8 „ja" angekreuzt?	⇨ Überlege, wie du die Zeit sinnvoll überbrücken kannst oder wähle einen anderen Beruf.
… bei Frage 9 „nein" angekreuzt?	⇨ Dieser Beruf kommt für die nicht in Frage. Wähle eine Alternative.
… bei Frage 10 „nein" zweimal angekreuzt?	⇨ Dieser Beruf kommt für dich nicht in Frage. Wähle eine Alternative. Bist du jedoch bereit umzuziehen, suche nach einer Region, in der es Ausbildungsplätze gibt.

Gesamtergebnis:	Der Beruf passt perfekt zu mit!	☐
	Der Beruf passt, aber ich muss mich in einigen Bereichen noch verbessern.	☐
	Ich brauche einen Alternativberuf.	☐

Bewerbungsfahrplan / Bewerbungsfristen

Infos zu: Schulische Ausbildung, Studium und Duales Studium

A) Duale Ausbildung

> 1.) Ausbildungsbeginn ist immer im September.
>
> 2.) Klar ist, dass Großunternehmen früher suchen als kleine Unternehmen.
>
> 3.) Bei begehrten Berufen und Unternehmen gibt es viel Konkurrenz.

Viele **Großunternehmen** beginnen bereits 1 ½ Jahre vor Ausbildungsbeginn. Für Schüler/innen heißt das, sobald das Zeugnis im vorletzten Schuljahr ausgegeben wird, sollte mit Bewerbungen begonnen werden. Spätestens im Herbst, also 1 Jahr vor Ausbildungsbeginn sollten Bewerbungen verschickt worden sein.

Bei **kleineren Unternehmen** könnt ihr 1 Jahr vor Ausbildungsbeginn mit Bewerbungen beginnen. Spätestens Ende Herbst sollten hier die Bewerbungen im Briefkasten der Unternehmen angekommen sein.

Für die **Beamtenlaufbahn** beginnt die Bewerbungsphase ebenfalls bereits 1 ½ Jahre vor Ausbildungsbeginn. Schüler/innen sollten sich also bereits mit der Halbjahresinformation im vorletzten Schuljahr auf die Socken machen, nicht wie bei Großunternehmen erst nach den Sommerferien.

B) Schulische Ausbildung

Die beruflichen Schulen arbeiten seit geraumer Zeit mit dem **BewO** Bewerberverfahren-Online.

Informationen hierzu gibt es auf den Internetseiten der Kultusministerien. Für Baden-Württemberg ist das unter: https://bewo.kultus-bw.de/BewO zu finden.

Die Bewerbungsfristen sind hier in der Regel von Mitte Januar bis Anfang März.

Beachte: Hier gibt es nur einmal die Möglichkeit sich einzuloggen. Also sollten Zeugnisse und weitere benötigte Unterlagen bereit liegen, bzw. per Pdf auf dem PC schlummern.

Ab Dezember bereits besteht die Möglichkeit sich probehalber durch das BewO zu arbeiten, also sich probeweise anzumelden.

C) Studium

Wintersemester (ab Oktober):   April bis Juli

Sommersemester (im April):   Oktober bis Januar

Die Bewerbung für zulassungsfreie Studiengänge ist von Mitte August bis Mitte Oktober möglich (je nach Universität).

Neben der Online-Anmeldung ist in bestimmten Fällen die Einsendung bestimmter Unterlagen per Post erforderlich. Informationen hierzu erteilen die Uni´s und sind bei der Online-Anmeldung zu beachten!

Bei zulassungsbeschränkten Studiengängen, bei welchen direkt an den entsprechenden Hochschulen beworben wird, können die Termine abweichen.

Beachte:

⇨ Diese Fristen sind nur Richtwerte. Genauer Informationen und Daten solltest du auf jeden Fall bei den Universitäten einholen.

⇨ Bei einer Bewerbung ist immer das Eingangsdatum der Hochschule, nicht der Poststempel maßgebend.

Informationen für Abiturientinnen und Abiturienten gibt es unter anderem auf der Homepage:

https://www.nach-dem-abitur.de/

D) Duales Studium

Zu Beginn eines Ausbildungsjahres, zwischen dem 01. Juli und 01. September, starten die Betriebe bereits die Suche nach dualen Studenten für das Folgejahr. Oftmals auch schon bis zu

1 ½ Jahre vor Ausbildungsbeginn. Diese Informationen geben selbstverständlich die Betriebe.

Der Wegweiser für Duale Studien gibt hier nähere Auskünfte:

http://wegweiser-duales-studium.de

Den richtigen Arbeitgeber finden?

Ein bekanntes Sprichwort besagt: **„Lehrjahre sind keine Herrenjahre"**. Vielleicht ist ein Arbeitgeber in den Augen eines Bewerbers nicht der „Richtige", weil du entweder nicht bereit bist dir die Finger auch einmal dreckig zu machen oder zu hohe Anforderungen stellst.

Arbeitsplätze finden ist eigentlich ganz einfach:

Die Seite http://arbeitsagentur.de bietet sehr übersichtlich einen Fahrplan durch u.a. folgende Themengebiete:

- ⇨ Schule, Ausbildung und Studium
- ⇨ Menschen mit Behinderungen
- ⇨ Karriere und Weiterbildung

Auch hier heißt es ganz einfach durchklicken und genau lesen. Wichtig ist hier eine Eingrenzung der Stellen durch

- a) Postleitzahl und Wohnort
- b) Angebotsart: Ausbildung
- c) Suchumkreis (je nachdem welche Mobilitätsmöglichkeiten sich für dich bieten)

Informationen über Arbeitgeber/innen sammeln! Aber welche?
Notiere hier, welche Infos über einen Arbeitgeber wichtig sind (Infos gibt´s auch im Netz):

_____

_____

_____

_____

_____

_____

_____

Die Suche nach Unternehmen im Internet:

⇨ http://gelbeseiten.de

Gelbe Seiten

⇨ http://meinestadt.de

Meine Stadt

Eine weitere ratsame Plattform auf der Suche nach Ausbildungsplätzen:

⇨ https://www.ausbildungsangebote.com/

(Regionale Angebote Baden-Württemberg, Süd)

Ausbildungsangebote

⇨ https://www.azubiyo.de/ausbildung/

Azubiyo

Wie finde ich heraus, welcher Beruf eigentlich zu mir passt? (D)
Notfallplan oder oftmals der richtige Plan A

Wenn du mit den unter A) und B) aufgelisteten Anleitungen nichts anfangen kannst, gibt es nur noch eine Möglichkeit, bzw. Anlaufstelle:

Bundesagentur für Arbeit

Der Besuch bei der Arbeitsagentur bedeutet nichts Schlimmes. Schließlich sitzen dort die Experten, welche sich mit dir zusammen darum bemühen, dass du eine optimale berufliche Zukunft erhältst.

Aber auch hier solltest du nicht unvorbereitet auftauchen:

Schritt 1: Telefonisch einen Termin ausmachen und unbedingt nachfragen (und notieren!), welche Unterlagen du zum vereinbarten Termin mitbringen musst. Vergiss nicht aufzuschreiben, mit wem du den Termin ausgemacht hast und wann der Termin ist!
(Anlage, Seiten 7-8)

Schritt 2: Unterlagen sammeln und ordnen. Diese sind in der Regel:

- Zeugnisse (die letzten drei Schulzeugnisse sind nie verkehrt)
- Zertifikate (Ehrenamt, Praktikumsbestätigungen, erworbene Befähigungen)
- Ergebnisse der Berufswahltests & Co.
- Lebenslauf
- Vielleicht auch schon einmal ein Bewerbungsschreiben, das du aufgesetzt hast
- Anmeldebogen zur Berufsberatung. Den gibt's meist bei den Arbeitsagenturen. Wenn nicht, wäre die Anlage auf den nächsten zwei Seiten eine Alternative

Schritt 3: Nicht verspäten. Und wenn doch einmal etwas dazwischenkommt, unbedingt telefonische Rücksprache mit der Beraterin/dem Berater halten und einen neuen Termin vereinbaren.

Anmeldebogen zur Berufsberatung

Persönliche Daten

_____   _____
Nachname   Vorname

_____   _____   _____
Geburtsdatum (Tag-Monat-Jahr)   Nationalität   Geburtsort

_____   Geschlecht: ☐ männlich   ☐ weiblich
Familienstand

_____   _____
Plz Wohnort   Straße Hausnr.

_____   _____
Telefon   Mobil-Nr.

_____
E-Mail

Schulische Daten

Zurzeit besuchte Schule:

_____   _____
Seit   vorauss. bis

_____
Schulart

Angestrebter Abschluss:

☐ Realschule   ☐ Werkrealschule   ☐ Hauptschule

Berufliche Pläne / Wünsche

Konkrete Angabe zu Schule/Ausbildung/Arbeit (Schulart, -Ort, Ausbildungsberuf)

☐   Weiterer Schulbesuch   _____

☐   Ausbildung   _____

☐   Arbeit   _____

☐   Praktikum   _____

☐   Studium   _____

☐   sonstiges   _____

Was wurde bislang unternommen, um die Wünsche in die Tat umzusetzen?

_____

_____

_____

_____

_____

Grund / Inhalt des Beratungsgesprächs?

_____

_____

_____

_____

Terminwünsche (Tag und Uhrzeit)

_____ ☐   _____ ☐

Beratungsort:

_____

Termin-Absprache / -Bestätigung:

_____   _____

per E-Mail vom (Datum)   telefonisch (Datum und Uhrzeit)

_____   _____

Datum Unterschrift der Eltern / Erziehungsberechtigten   Datum Unterschrift des Schülers / der Schülerin

Weitere Notizen:

_____

_____

_____

Mein Termin bei der Berufsberatung

Mein Beratungsgespräch ist am: _____ um _____ Uhr.

Mein/e Berufsberater/in ist: _____

Dokumente und Unterlagen:

○ **Berufswahlordner !!!**

Praktikumsbescheinigung(en)

Meine Stärken

Meine Wunschberufe

○ Die letzten zwei Schulzeugnisse

○ Bewerbungsunterlagen (**Bewerbungsmappe**)

Das möchte ich in der Berufsberatung in Erfahrung bringen:

○ Ich brauche Hilfe, um für mich den richtigen Beruf zu finden.

○ Ich brauche Infos zu meinem Berufswunsch.

○ Ich suche Alternativen zu meinem Berufswunsch.

○ Ich brauche allgemeine Informationen (z.B. Bewerbungsfristen)

○ Ich brauche weitere Unterstützung für meine Bewerbungsunterlagen.

○ Ich brauche Hilfe bei der Ausbildungsplatzsuche.

○ Ich brauche Tipps für meine Bewerbung.

○ Ich möchte wissen, ob ich für meine Ausbildung finanzielle Unterstützung bekommen kann.

○ ich brauche Tipps zu meinem Ausbildungsvertrag.

○ Ich brauche Hilfe bei der Suche nach Ausbildungsbetrieben / Ausbildungsplätzen.

Weitere Fragen an die Berufsberatung

Weiter geht es mit deiner Bewerbung

A) Die Bewerbungsmappe

Diese ist bereits dein erstes Aushängeschild.

B) Bewerbungsanschreiben

Das Bewerbungsanschreiben ist aufgebaut wie ein Geschäftsbrief. Und hier gibt es Regeln für die Form und den Aufbau, gem. DIN 5008. Die Anleitung in diesem Workbook habe ich mit Linien unterlegt, damit erkennbar ist, in welche Zeile geschrieben wird, bzw. welche leer bleiben.

Auf der Homepage http://ausbildungspark.com gibt es berufsspezifische Muster für Bewerbungsschreiben. Einfach mal reinschauen und lediglich Anregungen holen.

➢ Anleitung Anschreiben (Eigener Briefkopf + DIN 5008, Verweis auf Geschäftsbrief)

➢ Lebenslauf (Muster für den ersten Lebenslauf nach der Schule + Mögliche Gestaltung)

➢ Deckblatt (Warum ein Deckblatt?)

➢ Checkliste – Kontrolle des Anschreibens

➢ Checkliste – Der finale Qualitätscheck

➢ Checkliste – Mein Anruf bei einem Betrieb

➢ Das Online- und E-Mail-Bewerbungsverfahren (Achtung: hier wird zum Schluss meistens ein Bewerbungsschreiben, Lebenslauf, Zeugnisse und Zertifikate im Pdf-Format verlangt hochzuladen!!! Das sollte also parat sein)

Typischer Aufbau einer vollständigen Bewerbungsmappe:

Anschreiben	Mappe	Deckblatt	Lebenslauf	Zeugnisse	Referenzen Zertifikate Arbeitsproben
liegt lose auf der Mappe		... werden eingeheftet			

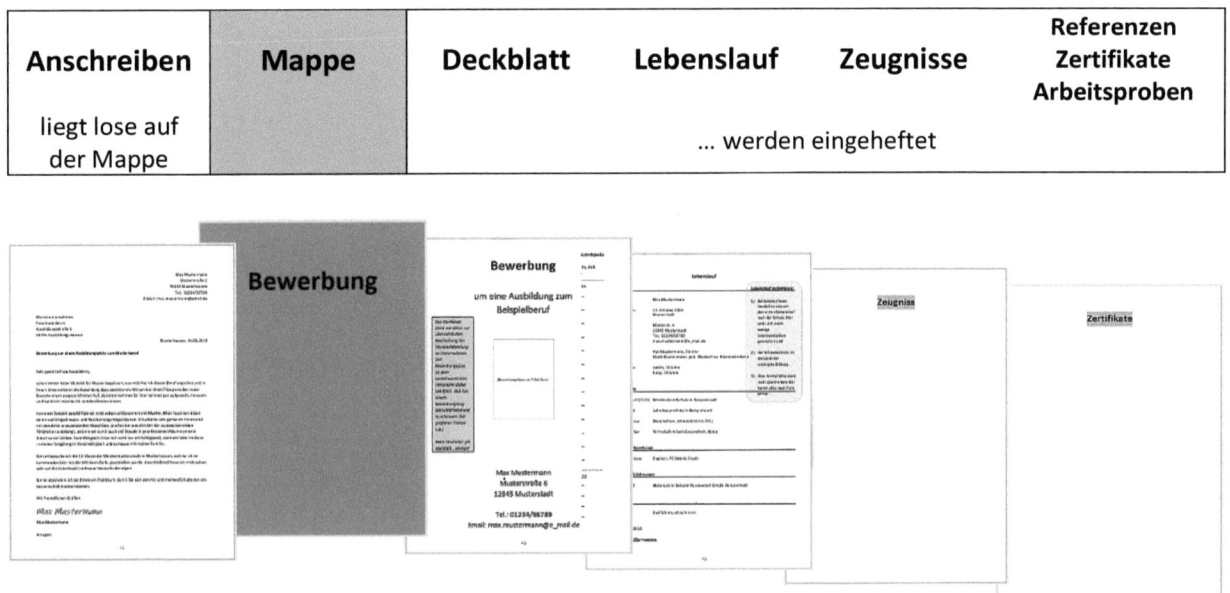

C4-Umschlag mit Sichtfenster beschriften

Im Sichtfenster ist die Empfängeradresse des auf der Bewerbungsmappe liegenden Anschreibens zu lesen. Das Kuvert muss also nicht mehr von Hand beschriftet werden:

Beschriftung des Kuverts ohne Sichtfenster

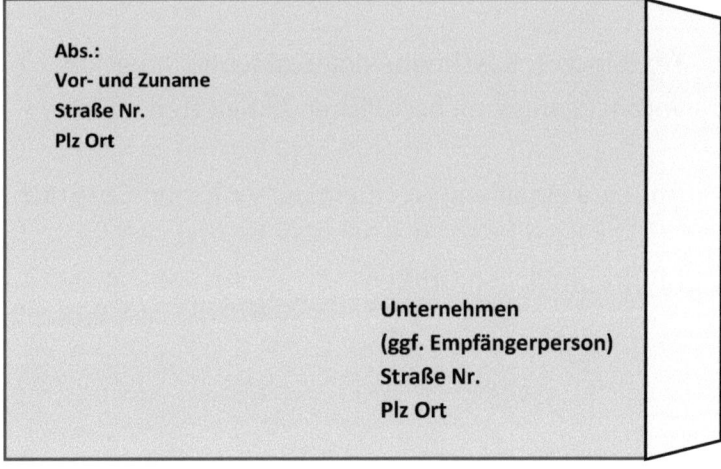

Eine eigene Gestaltung des Briefkopfes ist möglich, sollte aber nicht zu übertrieben dargestellt werden.
Vorsicht bei Vorlagen aus dem Internet!

Vorname Nachname
Straße Hausnummere
Plz Ort
Telefonnummer
Emailadresse

C4-Kuvert mit Fenster

50mm

Adressat: 8. Zeilen

20mm

- *2 Leerzeile*

-

Unternehmensbezeichnung
Ansprechpartner/in (Frau ... / Herr ...)
Straße Hausnummer / Postfach
Plz Ort

Unternehmensbezeichnung
Straße Hausnummer / Postfach
- *1 Leerzeile*
Plz Ort
Ort und Datum, rechtsbündig: Ort, Datum

- *1 Leerzeile*
Betreffzeile / Handlung des Anschreibens *(fett geschrieben)*
- *2 Leerzeilen*

-

Sehr geehrte/r Frau ... / Herr ..., Sehr geehrte Damen und Herren,
- *1 Leerzeile*
Textblock 1 (klein geschrieben, da nach der Anrede ein Komma steht!):
Hier geht es darum, einen ersten bleibenden Eindruck zu erwecken und den Leser zum interessierten Weiterlesen zu animieren. Inhaltlich: Wieso glaubst du, dass du der/die Richtige für diese Stelle bist. Ein Bezug zu einem persönlichen Gespräch, Praktikum oder Fachwissen ist ein guter Einstieg.
- *1 Leerzeile*
Textblock 2: Weshalb möchtest du diesen Beruf erlernen/ausüben und welche Fähigkeiten und Fertigkeiten bringst du mit, wieso eignest du dich für diesen Beruf?
Beachte: Keine Stichworte! Formuliere deine Eignung aus. Nach einer Ausbildung führst du hier deine erlernten Befähigungen auf.
- *1 Leerzeile*
Textblock 3: Beschreibe deine aktuelle Situation, bzw. nach einer Ausbildung deine vorangegangenen beruflichen Aktivitäten.
- *1 Leerzeile*
Auf eine Einladung zu einem persönlichen Gespräch freue ich mich sehr. Nachdruck!)
- *1 Leerzeile*
Mit freundlichen Grüßen

3 Leerzeilen für die persönliche Unterschrift
Schüler/innen unterschreiben leserlich, später als Signatur

Vorname Nachname *<= Vor- und Zuname maschinell geschrieben*
- *1 Leerzeile*
Anlagen *(nur „Anlagen", zur Information, dass dem Anschreiben z.B. Zeugnisse beiliegen)*

Schriftarten: Tahoma, Calibri, TimesNewRoman oder Arial, Schriftgröße 12
Word-Seitenränder (bei Microsoft) nicht verstellen! (links, oben, unten 25mm, rechts 20mm)
Persönliche Anrede immer groß geschrieben „Sie", „Ihre", „Ihnen", ...!
Rechtschreibfehler unbedingt vermeiden, Korrekturlesen lassen! Nicht länger als 1 Seite

Das Anschreiben / Formulierung im Anschreiben

Das schwerste an einer Bewerbung ist es, sich selbst und seine Fähigkeiten so positiv darzustellen, dass der Betrieb zu einem Vorstellungsgespräch einlädt.

Folgende Fragen helfen beim Formulieren der Sätze. Die Antworten auf die Fragen bestimmen dann den Inhalt des Bewerbungsanschreibens.

1) **Was bin ich für eine Person** (Kenntnisse, Hobbys, besondere Eigenschaften)**?**
2) **Was habe ich bis jetzt gemacht** (Praktika, Vereinstätigkeiten, Ehrenamt)**?**
3) **Warum will ich gerade diesen Beruf ausüben** (welche Tätigkeiten gefallen mir)**?**
4) **Warum bewerbe ich mich gerade in diesem Betrieb** (guter Ruf, Aufstiegschancen)**?**

Die Formulierungshilfen, Abschnitt B), sollen dich bei deiner Bewerbung unterstützen.
Wichtig ist aber, dass das Anschreiben persönlich gestaltet ist und zu dir passt. Spätestens beim Vorstellungsgespräch merkt der Betrieb, ob du nur tolle Formulierungen abgeschrieben hast, oder ob du dir selber Gedanken gemacht hast.

A) Das Bewerbungsanschreiben (Aufbau und Inhalt)

… ist der wichtigste Teil der Bewerbung. Es richtet sich direkt an den Empfänger und ist in einer Bewerbungsmappe das erste Dokument, welches der Empfänger sehen sollte.

In diesem Dokument erfährt der Arbeitgeber, dass es sich um eine Bewerbung auf eine bestimmte Stelle handelt. Er muss klar erkennen können, dass du viele Fähigkeiten des Wunschkandidaten besitzt.

Das Anschreiben ist der erste Bestandteil deiner Bewerbung, dass der Empfänger liest. Er verschafft sich einen ersten Eindruck von dir und vergleicht die Stellenanforderungen mit deinem Profil. Versuche daher, das Anschreiben interessant zu gestalten, um beim Arbeitgeber das Interesse zu wecken, deine Bewerbung vollständig zu lesen. Stelle deine persönlichen und fachlichen Stärken heraus und gehe auf relevante bisherige Tätigkeiten ein.

Ein Bewerbungsanschreiben umfasst genau eine DIN A4-Seite.
Es besteht aus dem Anschreibenkopf und dem Anschreibentext. Hierbei sind die Grundlagen der DIN 5008 einzuhalten.

Standards
(Seitenrand links 24,1mm, rechts mind. 8,1mm, unten und oben 16,9mm)
In der Regel ist die Grundeinstellung bei Word völlig in Ordnung, was die Seitenränder angeht.
Verwende nur Standardschriftarten (Times New Roman oder Arial), Schriftgröße 12, linksbündig mit automatischer Silbentrennung. Der Text kann auch im Blocksatz verfasst werden.

Anschreibenkopf

Der Anschreibenkopf beinhaltet die Adressen (Absender und Empfänger), den Betreff und die Anrede.

Absenderadresse

Als Block oben links wird deine Adresse eingetragen. Die Adresse umfasst Name, Straße und Hausnummer, Postleitzahl und Wohnort, Telefonnummer mit Vorwahl und ggf. deine private Emailadresse.

Ort und Datum

In der Zeile, in der dein Name steht, vermerkst du rechtsbündig den Ort und das Datum. Wähle das Datum, an dem du voraussichtlich deine Bewerbung verschicken wirst.

Bei der Datumsangabe kannst du zwischen der numerischen („20.06.2016" oder „2016-06-20") und der alphanumerischen Schreibweise („20. Juni 2016") wählen. Stelle bei einstelligen Ziffern eine führende Null an.

Persönliche Daten

Lasse unter deiner Adresse 4 Zeilen frei. Anschließend folgt die Adresse des Empfängers.
1) Name des Unternehmens, ggf. mit Rechtsform (GmbH, AG, …)
2) Abteilung oder Personalverantwortliche/r (wenn nicht bekannt, wird niemand aufgeführt)
3) Straße und Hausnummer, bzw. Postfach
4) Plz und Ort

Wird kein direkter Ansprechpartner (2) eingetragen, bleibt zwischen Straße-Hausnr. (3) und Plz-Ort (4) eine Zeile leer. Somit ist der Adressat immer 4-zeilig aufgeführt.

Erkundige dich telefonisch, ob eine Personalabteilung oder ein entsprechender Ansprechpartner existiert. Im Allgemeinen steht die komplette Adresse jedoch schon in der jeweiligen Stellenanzeige.

Betreff

Nach dem Adressaten/Empfänger bleiben 2 Zeilen frei. Formuliere den Betreff kurz und präzise. Er hat die Aufgabe, den Bezug zur Stellenanzeige o.ä. herzustellen. Der Umfang erstreckt sich auf eine, maximal zwei Zeilen.

Beispiel: „Bewerbung als … / Ihre Stellenanzeige vom … in …"
Vermeide: „Betreff: …" oder nur „Bewerbung"

Wenn du bereits im Vorfeld telefonischen Kontakt hergestellt hast, so stelle nach einer weiteren Leerzeile den Bezug her.

Beispiel: „Unser Telefonat vom …" (Datum) oder
              „Telefonat mit Herrn/Frau …, vom …" (Datum)

Anrede

Zwischen Betreff und Anrede bleiben zwei Zeilen frei.
Ist der Ansprechpartner bekannt, wird dieser persönlich angeschrieben: „Sehr geehrter Herr …,"
oder „Sehr geehrte Frau …,"

Vergiss ggf. einen akademischen Titel nicht! („Sehr geehrte Frau Doktor …,"

Ist der Ansprechpartner unbekannt und lässt sich auch nicht ermitteln, so schreibst du:
„Sehr geehrte Damen und Herren,"

Nach einer Leerzeile folgt der Anschreibentext mit Einleitungssatz, Hauptteil und Grußformel.

Anschreibentext

Nachdem du im ersten Teil wesentliche Dinge zum Aufbau des Anschreibens erfahren hast, widmen wir uns nun dem eigentlichen Inhalt. Dieser befindet sich als Anschreibentext zwischen Anrede und Grußformel. Der Anschreibentext setzt sich aus einer Einleitung und dem Hauptteil zusammen.

Das **AIDA-Prinzip** beschreibt die Bewerbung hervorragend:

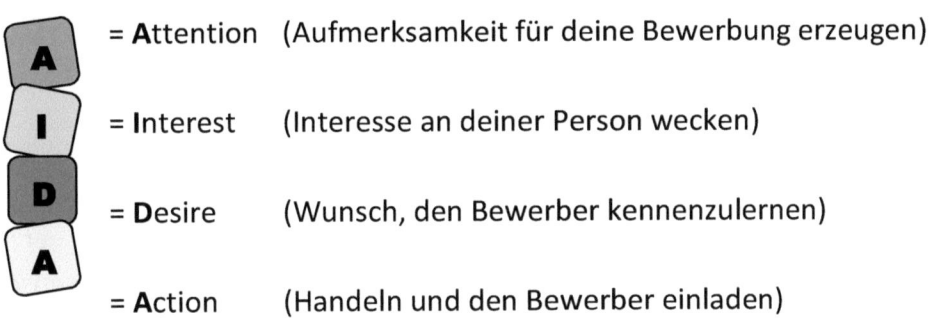

= **A**ttention   (Aufmerksamkeit für deine Bewerbung erzeugen)

= **I**nterest   (Interesse an deiner Person wecken)

= **D**esire   (Wunsch, den Bewerber kennenzulernen)

= **A**ction   (Handeln und den Bewerber einladen)

Aufmerksamkeit wecken, Interesse erzeugen!

Hier gilt:
Verfasse **kein Standartschreiben!** Das Anschreiben muss immer auf die Tätigkeit und das Unternehmen abgestimmt werden. Der Leser muss mit dem Schreiben das Gefühl haben, dass du wirklich Zeit in die Bewerbung und damit in sein Unternehmen investiert hast.

Schreibe immer im Sinne des Unternehmenserfolges. Welchen Nutzen DU von der Mitarbeit hast, ist für das Unternehmen erst einmal zweitrangig. Im Vordergrund steht der **Gewinn für das Unternehmen**, der sich aus deiner Anstellung ergibt. Stelle dir vor, dass du das Produkt, und das Unternehmen der Kunde ist. Das Anschreiben ist dazu da, das Produkt gegenüber dem Kunden zu bewerben.

Einleitung

Die Einleitung beginnt kleingeschrieben (nach der persönlichen Anrede steht ein Komma) und umfasst einen Absatz von maximal drei Sätzen. Ziel ist, den Leser neugierig auf den weiteren Text zu machen. Dazu integrierst du in die Einleitung am besten eine Schlagzeile, in der du deine beste Qualifikation nennst, die dem Unternehmen die meisten Vorteile bringt. Diesen Vorteil solltest du natürlich auch benennen.

Idealerweise kannst du den Einleitungssatz auch dazu nutzen, um dich über ein Telefonat oder eine anderweitige Kontaktaufnahme zu bedanken. So rufst du dich beim Leser in Erinnerung und das Anschreiben macht einen persönlicheren Eindruck. Dabei kannst du auch kurz erläutern, welche konkreten Inhalte dir positiv in Erinnerung geblieben sind.

Vermeide generell Einleitungen, wie *„mit großem Interesse habe ich Ihre Stellenanzeige gelesen"* oder gar *„Hiermit bewerbe ich mich"*. Wenn du kein Interesse hast, hättest du dich nicht beworben. Worauf du dich bewirbst (Stelle, Annonce), steht im Betreff. Dass du dich bewirbst, zeigst du durch die bloße Zusendung der Bewerbungsunterlagen.

Hauptteil

Nach der Einleitung beginnst du damit, deine Motivation gegenüber dem Unternehmen zu bekunden. Erläutere, was dir an einer Tätigkeit in dieser Unternehmung besonders gefällt und was diese Firma von anderen Firmen abhebt. Bringe hier ruhig deine eigenen Wünsche zum Ausdruck.

Anschließend gehst du auf alle Stellenanforderungen ein. Begründe deine Eignung anhand von Kenntnissen, Erfahrungen (Schulkenntnisse, Praktika und Nebentätigkeiten) und Interessen. Nenne ausschließlich Qualifikationen, die für die Stelle von Bedeutung sind. Versuche darüber hinaus, ein bis zwei Kenntnisse zu nennen, die in der Stellenausschreibung nicht aufgeführt sind, aber für die Stelle nützlich sein könnten. Damit zeigst du, dass du mitdenkst.

Führe bei der Nennung bisheriger Tätigkeiten (Ferien- und Nebenjobs, Praktika) keine Bewertungen durch, sondern beschränke dich auf Beschreibungen. Solltest du persönliche Eigenschaften nennen, so musst du diese am Beispiel belegen. Auf Selbstverständlichkeiten kannst du getrost verzichten. So führt mittlerweile jeder zweite Bewerber Teamfähigkeit auf. Du musst aber Eigenschaften nennen, die dich von Mitbewerbern abheben.

Formuliere immer kurze und aussagekräftige Sätze. Zur Vermeidung von Wiederholungen, prüfe die Sätze am besten nach jedem Satz, ob dieser eine neue Information enthält, die für die angestrebte Stelle wichtig ist. Nach jeweils drei Sätzen beginnst du mit einem neuen Absatz. Und vermeide generell die Angabe zeitlicher Daten, dafür ist der Lebenslauf da.

Achte auf die richtige Wortwahl und verwende Aktiv-Verben. Schreibe beispielsweise nicht „… **konnte** ich sammeln", sondern „… sammelte ich" (**konnte** er, hat er aber nicht).

Der Hauptteil wird mit einem Abschlusssatz beendet. In diesem Satz wird das Vorstellungsgespräch in das Anschreiben eingebunden. Verzichte auf Formulierungen im Konjunktiv („würde" und „könnte") genauso wie auf wenn-dann-Formulierungen. Setze den Personalverantwortlichen auch nicht mit Formulierungen, wie „Wann darf ich mich bei Ihnen vorstellen?", unter Druck. Ein gängiger Abschlusssatz ist „Über Ihre Einladung zu einem Vorstellungsgespräch freue ich mich."

Grußformel

Nach einer Leerzeile kommt die Grußformel.

Verwende hier die gebräuchliche Grußformel „Mit freundlichen Grüßen". „Mit freundlichem Gruß" wäre schon wieder etwas unfreundlicher und bestimmender.

Anschließend folgt deine Unterschrift, wodurch du die Richtigkeit deiner Angaben bestätigst.
Für die Unterschrift bleiben, zwischen der Grußformel und deinem maschinell geschriebenen Namen, drei Zeilen leer.

Anlagen

Die Anlagen werden im Anschreiben nicht mehr einzeln aufgelistet. Es genügt der Hinweis „Anlagen" unterhalb der Unterschrift. (Eine Leerzeile dazwischen)

B) Wenn dir gar nichts eigenes einfällt …
Die folgenden Satzbausteine beinhalten das Minimum, was in ein Bewerbungsanschreiben gehört! (Sätze von der Stange)

Einleitung

➢ bei meiner Recherche über Ihre Firma im Internet habe ich festgestellt, dass Sie .... ausbilden. Ich möchte mich hiermit gerne um einen Ausbildungsplatz bewerben.

➢ über das Arbeitsamt Ravensburg habe ich erfahren, dass Sie einen Ausbildungsplatz als .... zur Verfügung stellen und möchte mich um diese Stelle bewerben.

➢ mit großem Interesse habe ich Ihre Stellenausschreibung im Ausbildungsstellen-Service der Arbeitsagentur gelesen und möchte mich um einen Ausbildungsplatz als .... bewerben.

➢ an einer Ausbildung als .... habe ich großes Interesse, da dies schon immer mein Traumberuf war.

Bewerbungstext

➢ Derzeit besuche ich die 9. Klasse der … (Schule), die ich im Juli 2007 mit dem … (Schulabschluss) verlassen werde. Danach möchte ich gerne eine Ausbildung als .... beginnen.

➢ Meine Lieblingsfächer sind ....

➢ Während meines Praktikums als .... durfte ich ...., was mir sehr gut gefallen hat.

➢ Ich habe mich für diesen Beruf entschieden, weil ich mich sehr für .... interessiere und …

- Der Beruf …………………… reizt mich besonders, weil er mir die Möglichkeit bietet …………………

- Im Technikunterricht habe ich festgestellt, dass mir die Bearbeitung von Metall viel Spaß macht und ich eine technische Begabung besitze.

- Zu Hause gehört es zu meinen Aufgaben …………………,

- Meine Hobbys sind …

- Ich bin ein aufgeschlossener und zielstrebiger Mensch, der gut im Team arbeiten kann und durch sorgfältige Arbeitsweise überzeugt.

- Sie dürfen davon ausgehen, in mir einen zielstrebigen und aufgeschlossenen Auszubildenden zu finden, der
    - gut im Team zusammen arbeitet,
    - verantwortungsbewusst handelt und
    - sich durch selbständige und flexible Arbeitsweise auszeichnet.

- Als Auszubildender bin ich geeignet, weil ich
    - gründlich, exakt und gewissenhaft arbeite,
    - flexibel und zuverlässig bin und
    - Teamfähigkeit besitze.

- Da in Ihrem Unternehmen auch nach der Ausbildung gute Chancen auf eine Weiterbeschäftigung bestehen, möchte ich meine Ausbildung gerne bei Ihnen absolvieren.

- Gerne würde ich meine Ausbildung in Ihrem Betrieb mache, da Sie in der Branche einen guten Ruf besitzen.

- Gerne absolviere ich bei Ihnen ein Praktikum, damit Sie sich von mir und meinen Fähigkeiten ein besseres Bild machen können.

Schlusssatz

- Über eine Einladung zum Vorstellungsgespräch würde ich mich sehr freuen.

- Über eine positive Nachricht würde ich mich freuen.

Und so könnte dann ein Bewerbungsanschreiben, mit Ansprechpartnerin, aussehen …

Max Mustermann
Musterstraße 1
56432 Musterhausen
Tel.: 01234/56789
E-Mail: max.mustermann@email.de

Musterunternehmen
Frau Ausbilderin
Ausbildungsstraße 1
98765 Ausbildungshausen

Musterhausen, 16.08.2022

Bewerbung um einen Ausbildungsplatz zum Musterberuf

Sehr geehrte Frau Ausbilderin,

schon immer habe ich mich für Muster begeistert, nun möchte ich diesen Beruf ergreifen und in Ihrem Unternehmen die Ausbildung dazu absolvieren. Warum bei Ihnen? Sie genießen in der Branche einen ausgezeichneten Ruf, das Unternehmen ist international gut aufgestellt, innovativ und natürlich möchte ich von den Besten lernen.

In meiner Freizeit beschäftige ich mich schon seit längerem mit Muster. Mich fasziniert dabei deren vielfältige Einsatz- und Bearbeitungsmöglichkeiten. Ich arbeite sehr gerne im Freien und mit den dafür einzusetzenden Maschinen, bin flexibel was den Ort der zu absolvierenden Tätigkeiten anbelangt, so bereitet es mir auch viel Freude in geschlossenen Räumen meine Arbeit zu verrichten. Teamfähigkeit ist bei mir nicht nur ein Schlagwort, vielmehr lebe ich diese in meiner langjährigen Vereinstätigkeit und zu Hause mit meiner Familie.

Derzeit besuche ich die 10. Klasse der Meistermusterschule in Musterhausen, welche ich im kommenden Jahr mit der Mittleren Reife abschließen werde. Anschließend freue ich mich schon sehr auf die Arbeitswelt und neue Herausforderungen.

Gerne absolviere ich bei Ihnen ein Praktikum, damit Sie sich von mir und meinen Fähigkeiten ein besseres Bild machen können.

Mit freundlichen Grüßen

Max Mustermann

Max Mustermann

Anlagen

Kontrolle des Anschreibens

Das Anschreiben – alles drin?

○ Der Absender steht links oben mit Name, Adresse, Telefonnummer (4-zeilig).

○ Die Anschrift des Unternehmers ist korrekt geschrieben.

○ Das Datum ist aktuell und steht rechtsbündig in der ersten Zeile (Absendername).

○ Die Betreffzeile steht in Fettdruck und enthält die Berufsbezeichnung.

○ Der Name des/der Ansprechpartners/-partnerin ist richtig geschrieben.

○ Nach der Anrede steht ein Komma und der erste Satz beginnt kleingeschrieben.

○ Der Schluss ist selbstbewusst und höflich und enthält einen Hinweis auf das gewünschte Vorstellungsgespräch.

○ Das Anschreiben ist unterschrieben (zwischen „Mit freundlichen Grüßen" und „Name").

○ Unter dem Namen steht „Anlagen" für die beigefügten Dokumente.

In meinem Anschreiben steht,

○ warum ich mich für diese Ausbildungsstelle entschieden habe,

○ weshalb ich mich bei diesem Betrieb bewerbe,

○ welche zu den Anforderungen der Stellenanzeige passende Erfahrungen ich für diese Ausbildung mitbringe,

○ Welchen Schulabschluss ich wann erreicht habe oder erreichen werde.

Form

○ Kurz und knapp: Das Anschreiben ist nicht länger als eine Seite.

○ Seitenränder: Standarteinstellungen Word

○ Einheitlicher Schrifttyp: Times New Roman oder Arial, Schriftgröße 12

○ Zwischen den Absätzen steht eine Leerzeile.

Bewerbung

um eine Ausbildung zum Beispielberuf

(Bewerbungsfoto, ca. 7,5x5,5cm)

Max Mustermann

Musterstraße 6

12345 Musterstadt

Tel.: 01234/56789

Email: max.mustermann@e_mail.de

Schriftgröße

36, dick

-

26

-

-

-

-

-

-

-

-

-

-

-

20

-

-

-

-

-

Lebenslauf

Zur Person

Name:	Max Mustermann
Geboren am:	14. Oktober 2003
Geburtsort:	Musterstadt
Anschrift:	Musterstr. 4
	12345 Musterstadt
	Tel.: 01234/56789
	max.mustermann@e_mail.de
Eltern:	Vati Mustermann, Förster
	Mutti Mustermann, geb. Musterfrau, Blumenbinderin
Geschwister:	Judith, 10 Jahre
	Katja, 19 Jahre

TAB-Taste

Schulbildung

09/2010 bis 07/2014	Martin-Grundschule in Beispielstadt
seit 09/2014	Jahn-Hauptschule in Beispielstadt
Schulabschluss:	Hauptschule, voraussichtlich 2019
Lieblingsfächer:	Wirtschaft-Arbeit-Gesundheit, Natur

Besondere Kenntnisse

Schulkenntnisse:	Englisch, PC (Word, Excel)

Praktische Erfahrungen

seit 03/2015	Nebenjob in Beispiel Bürobedarf GmbH, Beispielstadt

Interessen

Hobbys:	Rad fahren, schwimmen

16. August 2022

Max Mustermann

Beachte:

Der tabellarische Lebenslauf besteht aus 2 Spalten:

1. Beschreibung (Zur Person, Name, …)
2. Persönliche Angaben (Max Mustermann, …)

Damit die 2. Spalte in exaktem Abstand zur 1. Steht, wird die TAB-Taste genutzt.

Leerzeichen und Leerzeilen, sowie Spalten in Schriftgröße: 12

- *Bindestriche nicht schreiben! (diese zeigen lediglich die Leerzeilen an)*

Überschriften: dick
Schriftart: dieselbe wie im Anschreiben!

Reicht der Platz auf Grund vieler Nebentätigkeiten (Praktische Erfahrungen) nicht aus, können Zwischenzeilen gleichmäßig reduziert werden.

Dieser Lebenslauf ist vor allem für Schüler/innen unmittelbar nach dem Schulabschluss. Später rückt der Abschnitt „Schulbildung" in den Hintergrund.

Beachte:

Platz für die persönliche Unterschrift

Lebenslauf

Zur Person

Name:	Max Mustermann
Geboren am:	14. Oktober 2003
Geburtsort:	Musterstadt
Anschrift:	Musterstr. 4
	12345 Musterstadt
	Tel.: 01234/56789
	max.mustermann@e_mail.de
Eltern:	Vati Mustermann, Förster
	Mutti Mustermann, geb. Musterfrau, Blumenbinderin
Geschwister:	Judith, 10 Jahre
	Katja, 19 Jahre

Lebenslauf aufpimpen:

1.) Bei Schüler/innen handelt es sich um den ersten Lebenslauf nach der Schule. Hier sind i.d.R. noch wenige Lebensereignisse geschehen und

2.) der Schulabschluss ist die bis dahin wichtigste Bildung.

3.) Also, formal bitte noch nicht übertreiben. Das komm alles noch früh genug!

Schulbildung

09/2010 bis 07/2014	Martin-Grundschule in Beispielstadt
seit 09/2014	Jahn-Hauptschule in Beispielstadt
Schulabschluss:	Hauptschule, voraussichtlich 2011
Lieblingsfächer:	Wirtschaft-Arbeit-Gesundheit, Natur

Besondere Kenntnisse

Schulkenntnisse:	Englisch, PC (Word, Excel)

Praktische Erfahrungen

seit 03/2015	Nebenjob in Beispiel Bürobedarf GmbH, Beispielstadt

Interessen

Hobbys:	Rad fahren, schwimmen

16. August 2022

Max Mustermann

Der finale Qualitätscheck
deiner Bewerbung

Anschreiben:

◯ Ich habe das Anschreiben noch einmal gründlich gelesen.

◯ Ich habe das Anschreiben von anderen Korrektur lesen lassen.

◯ Ich habe das Anschreiben zwischen „Mit freundlichen Grüßen" und „Name" unterzeichnet.

Lebenslauf:

◯ Der Lebenslauf ist in tabellarischer Form erstellt.

◯ Der Lebenslauf ist in fünf Abschnitte gegliedert:
(Angaben zur Person und Familie, Schulbildung, Besondere Kenntnisse, Praktische Erfahrungen, Interessen)

◯ Der Lebenslauf ist unter dem Datum unterzeichnet.

Anschreiben und Lebenslauf (im Vergleich):

◯ … sind in der gleichen Schriftart verfasst (Times New Roman oder Arial),

◯ … enthalten dasselbe Datum,

◯ … stimmen inhaltlich überein (Beruf, Adresse, …),

◯ … wurden für meine/n persönliche/n Ordner/Mappe kopiert!

Reihenfolge der Unterlagen:

◯ Anschreiben

◯ Deckblatt mit Bewerbungsfoto

◯ Lebenslauf

◯ Abschlusszeugnis / aktuelles Zeugnis

◯ Anlagen – alles gut lesbare Kopien!
  - Bescheinigungen über Betriebspraktika
  - sonstige Bescheinigungen (z.B. schulische Kurse, die nicht im Zeugnis stehen; Ferienjob; …)

Mein Anruf bei einem Betrieb

Auch bei einem Telefonat gibt es einiges zu beachten!

Vor dem Anruf:

Informiere dich gut über den Betrieb, z.B. im Internet
(Name der Firma, was macht die Firma genau, Branche der Firma) ◯

Schreibe dir Fragen auf, welche du an den Betrieb hast
(Bewerbungsbeginn, Bewerbungsschluss, Ansprechpartner in Sachen Bewerbungen
und Durchwahl, Form der Bewerbung -online oder schriftlich-) ◯

Telefoniere zu Hause in einem ruhigen Zimmer, wo du ungestört bist ◯

Lege für Notizen einen Notizblock und Stift bereit ◯

Atme ruhig und versuche an etwas Schönes zu denken, das senkt die Nervosität ◯

Das Telefonat:

Melde dich freundlich mit deinem Vor- und Nachnamen
„Guten Tag, mein Name ist …" ◯

und teile dem Gesprächspartner dein Anliegen mit
„ich würde gerne bei ihnen ein Praktikum absolvieren" ◯

Auch wenn man es durch ein Telefon nicht sehen kann, solltest du während des
Gesprächs lächeln, denn man hört dem Gesprächspartner an, ob er freundlich oder
gelangweilt ist! ◯

Notiere wichtiges ◯

Frage nach wenn du etwas nicht verstanden hast
„Entschuldigung, darf ich nochmal nach ihrem Namen fragen?" ◯

Solltest du den Weg zum Betrieb nicht kennen, frage höflich nach der
Wegbeschreibung oder nochmal nach der genauen Adresse ◯

Zum Schluss bedankst du dich herzlich für das Gespräch und wünschst deinem
Gesprächspartner noch einen schönen Tag
„ich bedanke mich für das Gespräch und wünsche ihnen noch einen schönen Tag"
(egal ob das Gespräch positiv oder auch negativ verlaufen ist!) ◯

Das E-Mail-Bewerbungsverfahren

Zum einen gibt es das Online-Bewerbungsverfahren bei welchem meist Schulen, Hochschulen und Universitäten, aber auch immer mehr Firmen ein **Online-Bewerbungsformular** auf ihrer Homepage anbieten. Hier sollte sorgfältig der Anweisung Folge geleistet werden. Dennoch verlangen die Betriebe und Institutionen zusätzliche Formulare, die in einem **Anhang als Pdf-Dokumente hochgeladen** werden müssen.

Das **gängigste Online-Bewerbungsverfahren**, welches immer mehr verwendet und gewünscht wird, ist eine **E-Mail mit den Anhängen,** wie sie auch in einer Bewerbungsmappe gefordert werden: Bewerbungsanschreiben, Lebenslauf mit Lichtbild (eingescannt), Zeugnisse, Zertifikate, usw.

Zunächst sollte bei einer Online-Bewerbung die **E-Mail-Adresse** stimmen. Die typischen Emailadressen der Jugendlichen lauten auf deren Spitznamen, Mode- oder Szenenamen oder setzen sich aus Abkürzungen, Buchstaben und Zahlen zusammen und sind so manches Mal anrüchig oder verleiten den Empfänger zu einem Schmunzeln oder Kopfschütteln, sind also absolut unseriös.

Heutzutage ist es ein **geringer Aufwand und kostenlos einen neuen oder weiteren Account einzurichten**, was für die Bewerbungsphase empfehlenswert ist. Verwendet eine E-Mail-Adresse mit euren Vor- und Zunamen. Nach der Bewerbungsphase kann dieser ja wieder gelöscht werden.

Bei der E-Mail solltest du als Bewerber genau darauf achten, dass du die richtige Empfängeradresse hast und die Bewerbung nicht in einem falschen „Postfach" und im schlimmsten Fall im Papierkorb landet.

Beim Absenden ist es empfehlenswert unter **Optionen** eine **Lesebestätigung** anzuklicken, bzw. zu verlangen. Ob der Empfänger diese letztendlich bestätigt, ist auch eine Frage der Beschäftigung des Bearbeiters. Wenn ja, hast du eine **Empfangsbestätigung mit Datum und Uhrzeit**, welche in weiteren Schreiben angegeben werden kann, um so einen **Bezug** herzustellen.

In der **Betreffzeile** solltest du kurz und knapp, aber deutlich angeben um was es sich in der E-Mail handelt: *Bewerbung um einen Ausbildungsplatz als …* (Berufsbezeichnung), derselbe Betreff wie im Bewerbungsschreiben.

Der Text im E-Mail-Editor kann zum einen das Bewerbungsanschreiben beinhalten, was bei einem möglichen Ausdruck keine saubere Form abgibt, oder freundlich und bestimmend der Hinweis auf den Inhalt der E-Mail und einen Verweis auf den Anhang. Auch hier ist die Rechtschreibung genauestens zu beachten, sowie der Aufbau im Bewerbungsanschreiben:

> „**Sehr geehrte Frau … / Sehr geehrter Herr …,**
>
> **anbei übersende ich Ihnen meine Bewerbung für den Ausbildungsplatz zum … (Ausbildungsberufsbezeichnung. Hinweise auf die Stellenausschreibung sind hier sinnvoll.).**
>
> **Für Rückfragen stehe ich Ihnen gerne zur Verfügung.**
>
> **Mit freundlichen Grüßen**
>
> **Vorname Name**
> *(aktuelle Kontaktdaten)*
> **Straße, Hausnummer**
> **Plz Ort**
> **Telefonnummer** *(Festnetz)*
> **E-Mail-Adresse** *(muss nicht, da diese im Absenderfeld der E-Mail bereits auftaucht, ist aber kein Nachteil diese hier nochmals aufzuführen)*"
>
> **Anlagen** *(hier werden alle Anlagen benannt)*

Weitere Floskeln im E-Mail-Editor sind überflüssig und bedeuten mehr Arbeit für den Empfänger, was in Großbetrieben nicht gern gesehen und lästig wird (hieraus <u>könnte</u> ein Nachteil entstehen). Die Anlagen beinhalten schließlich alles ausführlich, das reicht absolut aus.

BEACHTE: Versende **KEINE Sammel-E-Mail**. Das macht keinen guten Eindruck bei den Personalern, die hier sofort erkennen, wer sich Mühe gegeben hat.

Von der Word- zur Pdf-Datei

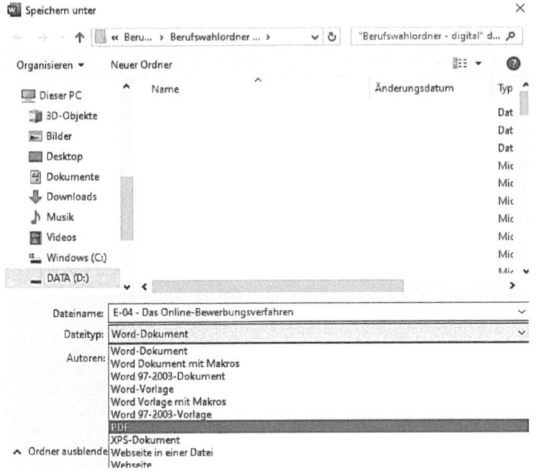

Für die **Formatierung einer Word-Datei** (Bewerbungsanschreiben, Lebenslauf und evtl. Deckblatt **oder Bild-Datei** (Zeugnisse, Zertifikate, weitere eingescannte Unterlagen) in eine Pdf-Datei speicherst du diese ganz einfach als Dateityp Pdf ab.

Bevor du die Formulare / Dokumente in eine Pdf-Datei formatierst ist es empfehlenswert deine Unterschrift einzuscannen und in das Bewerbungsanschreiben und den Lebenslauf einzufügen. Ebenso das Bewerberfoto in den Lebenslauf oder das Deckblatt. Dieses gibt es beim Fotografen digital.

Und schon hast du deinen Anhang in korrekter Form für deine E-Mail-Bewerbung.

Das Bewerbungsgespräch

Wenn du zum Bewerbungsgespräch eingeladen wirst, hast du die erste Hürde schon gemeistert. Aber nicht übermütig werden, denn jetzt kommt das Schwierigste: Den Personalchef persönlich von dir zu überzeugen.

5 Tipps für das Bewerbungsgespräch:

1) Die Bewerbungsfragen

   ⇨ Sind sehr oft dieselben

   ⇨ Klassische Fragen (Stärken, Schwächen, warum haben sie diese Ausbildung gewählt)

   ⇨ Fiese Bewerbungsfragen (wie wichtig ist Geld für sie, warum sollten wir sie nicht einstellen)

   Antworten auf diese Fragen solltest du unbedingt vorbereiten! (Arbeitsblätter hierzu folgen im Anschluss!)

2) Bewerbungssituation trainieren, u.a. mit diesen typischen Fragen, mit einer Vertrauensperson

3) Die Eröffnung des Gesprächs könnte wie folgt sein:

   „Erzählen sie etwas über sich" (= Selbstpräsentation)

   Hier sollten 2-3 Minuten Fließtext über den Bewerber, also dich zustande kommen!

4) Sollte die Körpersprache des Gegenüber so ausschauen:

   ⇨ Desinteresse durch keinen Augenkontakt

   ⇨ Blättern in der Bewerbung

   heißt das: das was du sagst ist uninteressant! Hier bist du absolut unvorbereitet!

5) Überlege dir einen direkten Bezug zum Unternehmen!

   ⇨ Warum bist du motiviert gerade in diesem Betrieb zu arbeiten?

   ⇨ Dein Mehrwert für die Firma

Typische Fragen bei Bewerbungsgesprächen können z.B. sein:

10 Klassische Fragen:

1) Was sind ihre drei größten Stärken?
2) Was sind ihre drei größten Schwächen?
3) Warum haben sie sich bei uns beworben?
4) Warum haben sie diese Ausbildung gewählt?
5) Wo liegen ihre Arbeitsschwerpunkte?
6) Was möchten sie in 5/10 Jahren erreicht haben?
7) Wie werden sie von ihren Freunden eingeschätzt?
8) Was wissen sie über unser Unternehmen / unsere Produkte?
9) Warum sollten wir gerade sie einstellen?
10) Haben sie Fragen an uns?

10 fiese Bewerbungsfragen:

1) Sie scheinen mir zu unerfahren für diesen Job zu sein, meinen sie nicht?
2) Welche 3 positiven Charaktereigenschaften fehlen ihnen?
3) Welche Rolle spielt Geld für sie?
4) Was ist das Verrückteste, das sie je gemacht haben?
5) Wie motivieren sie sich?
6) Wie gehen sie mit schwierigen Kollegen um?
7) Warum sollten wir sie nicht einstellen?
8) Welchen Mehrwert würde ihre Einstellung unserem Unternehmen bringen?
9) Welche drei Bücher haben ihren Werdegang am meisten beeinflusst?
10) Wann haben sie das letzte Mal eine Vorschrift missachtet und warum?

Bereite dich auf solche Fragen vor, überlege dir antworten und übe diese z.B. laut vor einem Spiegel ein!

Auf diese 10 Bewerbungsfragen sollte man vorbereitet sein

Wie kann man sich vorbereiten, wenn man nicht weiß, welche Fragen man gestellt bekommen wird? **Hier findest du Fragen und Antworten!**

1. Welche drei Stärken zeichnen Sie aus?

Bezüglich der Stärken solltest Du nicht zu übertrieben antworten. Allerdings musst du in der Lage sein, selbstsicher deine Stärken zu präsentieren.

Beliebte Antwortmöglichkeiten sind beispielsweise, dass du

1. sehr belastbar bist und mit Stress gut umgehen kannst
2. sehr zuverlässig bist und Aufgaben immer zu voller Zufriedenheit erledigst
3. mit Fehlern professionell umgehen kannst
4. dich schnell in neue Themenfelder einarbeiten kannst
5. Prioritäten setzen und zielorientiert arbeitest
6. neues Wissen schnell umsetzen kannst

Teamfähigkeit und gutes Zusammenarbeiten mit Kollegen, aber auch das Lösen von Konflikten geben in der Regel auch immer wieder Pluspunkte.
Thematisch ähnlich sind die Fragen bezüglich deines größten Erfolges und deiner größten Herausforderung.

Deine Antwort:

_____

_____

_____

2. Welche drei Schwächen können Sie bei sich feststellen?

Bei den drei Schwächen solltest du nicht zu ehrlich sein. Antworten wie – "mir fällt es schwer pünktlich zu sein" – sind mehr als unangebracht. Die Kunst bei der Beantwortung dieser Frage liegt darin, mögliche Schwächen wie Stärken aussehen zu lassen. (Antwortmöglichkeiten auf "Was sind Ihre Schwächen?")

Mögliche Antworten sind beispielsweise, dass du

1. wenig Erfahrung darin hast Vorträge oder Themen vor Anderen zu präsentieren
2. beim Arbeiten mit gewissen Computerprogrammen noch Schwächen hast
3. oftmals zu viele Aufgaben auf einmal bewerkstelligen möchtest
4. noch keine weitere Fremdsprache gelernt hast

Insbesondere die dritte Schwäche zeigt, dass du engagiert bist und dich in deine Aufgaben reinhängen wirst. Bei den ersten beiden Schwächen kann man einen Bezug zur späteren Aufgabenstellung herstellen.

- Bestimmte Schwächen hat man nun mal, weil einem die entsprechende Erfahrung noch fehlt. (Fangfragen im Vorstellungsgespräch)

Viele Unternehmen bieten jedoch Weiterbildungskurse und Schulungen an, sodass diese Schwächen im Bereich der Computerkenntnisse oder Präsentationserfahrung keinen Hinderungsgrund für eine Einstellung wären.

In die gleiche Kategorie kommen Fragen bezüglich deines größten Misserfolges und wie du mit Niederlagen umgehst.

Deine Antwort:

_____

_____

_____

3. Wie würden Ihre Freunde Sie beschreiben?

Diese Frage ist eine Variation von Frage 1 und 2. Dabei will man überprüfen, ob du dich selbst einschätzen kannst. Neben den Stärken musst du auch ein paar Schwächen aufzählen.

Niemand ist perfekt, daher prüft man, ob der Bewerber in der Lage ist, sich selbstkritisch zu hinterfragen.

Wie du mit Kritik oder auch unberechtigter Kritik umgehen kannst, ist ebenfalls von großem Interesse für den Personaler.

Deine Antwort:

_____

_____

_____

4. Wieso haben Sie sich für diese Ausbildung / diesen Beruf entschieden?

Wenn du dich für einen bestimmten Beruf oder eine bestimmte Lehrstelle entschieden hast, so solltest du in der Lage sein diese Wahl auch zu begründen. Dabei sollte nicht der Eindruck entstehen, dass dir gerade nichts Besseres eingefallen ist.

- Die Berufswahl sollte zu deinen **persönlichen Interessen** passen.

Personalchefs gehen davon aus, dass diejenigen Bewerber, welche aus persönlicher Neigung und / oder Interesse eine Stelle antreten, mit mehr Motivation und Engagement ihre Aufgaben erledigen werden.

Du solltest dir vorher gut überlegen, wie du deine persönlichen Interessen und/oder Hobbys mit der Wahl einer Stelle, Ausbildung, Lehre etc. überzeugend in Verbindung bringen kannst, ohne deiner eigenen Bewerbung zu widersprechen.

Deine Antwort:

_____

_____

_____

5. Wieso würden Sie die Ausbildung / Stelle gerne bei uns antreten?

Neben der Berufswahl wird auch immer wieder gerne die Frage gestellt, wieso du eine Stelle gerne bei genau diesem Unternehmen antreten willst.

Dabei solltest du möglichst nicht antworten, dass die Stellenanzeige gerade zum persönlichen Suchprofil passte.
Du musst dich vor dem Bewerbungsgespräch intensiv mit dem Unternehmen auseinandersetzen, von dem du eingeladen wurdest. Informationen sind in der Regel problemlos über das Internet verfügbar. Wenn du diese Frage beantwortest, solltest du auch auf die Produkte oder Dienstleistungen der Firma eingehen.

Wichtig ist den Personalchefs, dass du in der Lage bist dich mit dem Unternehmen und seinen Leistungen zu identifizieren, aber auch an einer langfristigen Zusammenarbeit interessiert bist.

Deine Antwort:

_____

_____

_____

6. Wieso haben Sie in dem Fach ... schlechte Zensuren erhalten?

Jeder hat an der einen oder anderen Stelle eine schlechte Note im Zeugnis. Diese Tatsache allein ist noch nicht problematisch. Während des Vorstellungsgespräches wird man immer wieder versuchen den Bewerber unter Druck zu setzen, um zu sehen, wie er in einer stressigen Lage reagiert.

Dabei kommt es auch darauf an, dass die Antwort, wieso du gerade in Mathe oder Englisch schlechte Zensuren erhalten hast, plausibel ist.

Oftmals ist es klug **in diesen Punkten relativ offen zu sein**. Nicht jeder kann ein Mathegenie sein.

Wichtig ist, dass der Bewerber trotz vorhandener Schwächen bereit ist, an sich zu arbeiten, um sich sowohl beruflich als auch persönlich weiterzuentwickeln.

Deine Antwort:

_____

_____

_____

7. Was haben Sie in dem Zeitraum zwischen ... und ... getan?

Personaler legen großen Wert auf einen lückenlosen Lebenslauf. Falls du die Lücken nicht füllen kannst, so solltest du dich beim Vorstellungsgespräch auf kritische Nachfragen einstellen. Auch hier ist es wieder von Bedeutung, dass du souverän darauf antworten kannst.

Wenn du zu einem Bewerbungsgespräch eingeladen wurdest, solltest du deinen Lebenslauf noch einmal auf Lücken überprüfen. Findest du welche, so kannst du dir bereits Antworten für das Gespräch zurechtlegen.

Auch eine eventuelle Arbeitslosigkeit wird häufig angesprochen – „Warum waren Sie so lange arbeitslos?"

Deine Antwort:

_____

_____

_____

8. Wieso sollten wir gerade Ihnen die Stelle geben?

Gute Frage! Wieso solltest ausgerechnet du den Job bekommen und nicht die anderen 10 bis 20 Bewerber, welche auch zum Vorstellungsgespräch eingeladen worden sind?

Die Antwort, welche du in diesem Falle geben wirst, ist zwar wichtig, aber von zweitrangiger Bedeutung. Man will eher testen, wie du dich in einer stressigen Situation verhältst.

Reagiere souverän oder fängst du an zu stottern?

Eine gute Antwortmöglichkeit ist, nochmal auf die persönlichen Stärken einzugehen, den Willen zu Lernen sowie die Identifikation mit dem Unternehmen zu unterstreichen.

Deine Antwort:

_____

_____

_____

9. Wie stehen Sie zu folgendem Punkt? ...

Leider kann man sich nicht auf alle Fragen im Vorstellungsgespräch vorbereiten. Zum einen kann es sogenannte verbotene Fragen geben und gerne stellen Personalchefs auch Fragen zum aktuellen Zeitgeschehen. Ist der Bewerber auf dem Laufenden über das politische, gesellschaftliche und kulturelle Zeitgeschehen? Hierbei reicht es nicht, nur die Tagesschau zu sehen.

Vor einem Vorstellungsgespräch empfiehlt es sich, die **Zeitung etwas intensiver zu lesen**. Dadurch wirst du in der Lage sein, sowohl auf Fragen zum aktuellen Zeitgeschehen als auch auf Fragen zum Allgemeinwissen zu antworten, da du Zeit hattest dich vorzubereiten und eine eigene Meinung zu den verschiedenen aktuellen Themen zu bilden.

Deine Antwort:

_____

_____

_____

10. Haben Sie noch Fragen an uns?

Wenn du dich vorab über das Unternehmen informiert hast, sollte diese Frage kein Problem darstellen. Auf keinen Fall solltest du sofort nach den Arbeitszeiten oder den Urlaubstagen fragen. Dies lässt lediglich darauf schließen, dass dein Interesse lediglich den Feiertagen oder den Ferien gilt.

Gute Fragen gehen in Richtung Weiterbildungsmöglichkeiten beim Unternehmen. So zeigt man Engagement und Motivation. Mitarbeiter, die sich fortbilden möchten, bringen das Unternehmen nach vorne, denn sie bringen neues Wissen in die Firma.

Deine Antwort:

_____

_____

Vorbereitung auf das Vorstellungsgespräch, habe ich an alles gedacht?

Vertrauen ist gut - Kontrolle ist besser!

	ja
Habe ich den Termin schriftlich oder telefonisch bestätigt?	○
Habe ich genug Informationen über den Betrieb gesammelt?	○
Habe ich mir Antworten auf die typischen Fragen von Personalverantwortlichen überlegt?	○
Habe ich mir eigene Fragen überlegt?	○
Habe ich mir meine Bewerbungsunterlagen noch mal durchgelesen?	○
Habe ich Argumente gesammelt, mit denen ich überzeugen möchte?	○
Habe ich mich informiert, was man in der Branche anzieht?	○
Sind meine Klamotten sauber und ordentlich?	○
Sind meine Haare frisch gewaschen und die Hände und Fingernägel sauber?	○
Bin ich die Strecke zum Betrieb vorher einmal abgefahren?	○
Habe ich genug Zeit für den Weg eingeplant?	○
Habe ich mein Handy ausgeschaltet?	○
Habe ich den Kaugummi rausgenommen?	○
Habe ich das Gespräch vorher geübt, z.B. mit Eltern oder Freunden?	○
Habe ich alle wichtigen Unterlagen dabei?	○
Einladungsschreiben	○
Bewerbungsmappe	○
Stift und Block	○
Liste mit eigenen Fragen	○

**Hier darf es keine offenen Punkte geben,
diese Mängel musst du sofort abstellen.**

Das Vorstellungsgespräch, so klappt´s!

Im Vorstellungsgespräch solltest du unbedingt folgende Punkte beachten!

Der Kaugummi muss raus und das Handy ist auch ausgeschaltet, bevor du das Unternehmen betrittst. ⭘

Bevor du den Raum betrittst, klopfe an und warte bis du aufgefordert wirst einzutreten. ⭘

Halte Augenkontakt und reiche deinem Gegenüber die Hand bei der Begrüßung. (Nicht zu fest zudrücken, aber auch nicht ohne Spannung) ⭘

Ein angebotenes Getränk, wie z.B. Kaffee, Tee oder Wasser, kannst du dankend annehmen. Das Trinken bietet dir Gelegenheit für eine Sprechpause zum Nachdenken. ⭘

Bleibe du selbst und antworte ehrlich! Vor allem sei freundlich und höflich. ⭘

Deine vorbereiteten Zwischenfragen stellst du erst, wenn du darum gebeten wirst. ⭘

Verabschiede dich freundlich und frage, wann du mit einer Entscheidung rechnen kannst. ⭘

Platz für Notizen:

Das Vorstellungsgespräch, so klappt´s!

Und das solltest du vermeiden!

Zu spät kommen, geht überhaupt nicht. Und dann auch noch eine Ausrede dafür suchen, wie z.B. „Der Bus hatte Verspätung." Fahre die Strecke vorher ab, egal ob mit Bus, Bahn, Auto oder dem Fahrrad – und plane 20-30 Minuten mehr ein. ◯

Zum Hinsetzen wirst du aufgefordert „Nehmen sie bitte Platz", vorher nicht setzen. ◯

Bei dem Begrüßungshandschlag solltest du vermeiden auf den Boden zu schauen. ◯

Alkohol und Zigaretten sind ein absolutes Tabu. Auch wenn dir dein Gegenüber diese anbietet, lehnst du dankend ab. ◯

Lasse deine Gesprächspartner ausreden und unterbreche diese auf keinen Fall. ◯

Deine erste Frage sollte nicht nach den Urlaubstagen oder dem Lohn sein. ◯

Bei der Verabschiedung solltest du nicht vergessen dich für die Einladung und das Gespräch bedanken. ◯

Platz für Notizen:

Einstellungstest

„Der Gesamteindruck zählt"

Wer es in der Bewerbungsphase in die engere Auswahl geschafft hat, kann unter Umständen zu einem Einstellungstest eingeladen werden. Die Betriebe wollen so aus vielen geeigneten Bewerbern den oder die für sie Geeigneten ermitteln, evtl. gefolgt von der Probearbeit. Bislang führen vor allem größere Betriebe, mit vielen Bewerbern für einen Ausbildungsplatz, Einstellungstests durch. Aber auch kleinere und mittelständische Betriebe setzen dieses Verfahren vermehrt ein.

Oftmals beinhalten die Einstellungstests Fragen zum Allgemeinwissen, wie z.B. Staat, Politik, Wirtschaft, Geschichte und Erdkunde. Aber auch Sprache, Mathematik, Logik, Konzentrationsvermögen, technisches Verständnis und visuelles Denkvermögen können Bestandteil von Einstellungstests sein, je nach Art des Ausbildungsbetriebs, bzw. des Ausbildungsberufs.

Mit diesen Tests möchte der zukünftige Arbeitgeber möglichst zuverlässige Kompetenzprofile der Bewerber erstellen, um so eine Ausbildungseignung der Kandidaten objektiv vergleichen zu können. Des Weiteren werden bestimmte Stärken und Schwächen, die bei einem Vorstellungsgespräch nicht immer in Erfahrung gebracht werden können, erkennbar.

Was sagt ein schriftlicher Auswahltest über den Menschen denn überhaupt aus?

Ein schriftlicher Test stellt lediglich eine Momentaufnahme dar. Was, wenn der Bewerber ausgerechnet an diesem Tag mit dem falschen Fuß aufgestanden ist oder andere äußere Einflüsse unnötig Nerven gekostet haben?

Der Einstellungstest ist ein Teil mehrerer Bausteine der Bewerbung. Die Bewerbungsmappe und das persönliche Auftreten im Bewerbungsgespräch spielen natürlich noch immer eine sehr große Rolle. Aber Vorsicht, auch das Auftreten bei Einstellungstests wird oftmals genau unter die Lupe genommen.

Hervorragende Möglichkeiten Einstellungstests zu üben, bietet natürlich das Internet. Vor allem die Seite **ausbildungspark.com/einstellungstest/** bietet individuell auf die Berufsbilder zugeschnittene Tests. Aber auch unter planet-beruf.de, Agentur für Arbeit, stellt einen Test zum Allgemeinwissen zur Verfügung. Unbedingt einmal durchführen!